조건 없는 대학

L'Université sans condition
Jacques Derrida

조건 없는 대학

자크 데리다
조재룡 옮김

문학동네

……근대 대학은 **조건 없이 존재해야만 합니다.** "근대 대학"이라는 이 말을 통해, 호화롭고도 복잡한 중세 역사 이후, 두 세기에 걸쳐 민주주의의 형태를 갖춘 국가들에서 지배적인 모델이 된, 다시 말해 "고전적"이 된, 유럽식 대학 모델을 이해해봅시다. 이 대학은 학문의 자유라 불리는 것 말고도, 문제를 제기하고 제안하는 일에서 **무조건적인 자유를,** 나아가 **진리**에 대한 연구, **진리**에 대한 지知, **진리**에 대한 사유를 요청하는 모든 것을 공(개)적으로 말할 권리를 원칙적으로 요구하고 이를 인식하고 있어야 할 것입니다……

대학은 진리를 **직업으로 삼습니다.** 대학은 진리에 대해 제한 없는 참여를 선언하고 약속합니다.

확실히 진리의 위상과 변화는, 진리의 가치와 마찬가지로, 무한한 토론들을…… 불러일으킵니다. 하지만 이런 것은 바로 대학 **안에서,** 그리고 **인문학** 소속의 학과들에서 특권적인 방식으로 논의됩니다. (본문 13~14쪽)

이것이 바로 출발점이다. 이후 자크 데리다는 대학에서 그리고 내일의 인문학에서 신념고백이 의미할 수 있는 것에 관해 물음을 던진다. 무엇이 과연 이 무조건성에 적합한 제도적 구조들, 그리고 상호학문적 지형이 될 수 있을 것인가?

강의는 다음과 같은 변화들에 대답하고 부응하려는 시도다. 1 "세계화"(무엇보다도 그 의미나 현재의 해석이 논쟁중인). 2 가상현실화와 탈영토화의 테크놀로지가 전개되는 과정(국가도 아니고, "정치적" 공간도 아닌 대학, 어떤 영역을 기준으로 현재 확립되고 있는 대학이라는 공간에서 "사이버데모크라시"는 무엇인가?). 3 놀라울 만큼 동요하고 있는 "주권"의 가치(대학의 무조건적 자유를 재긍정하면서 주권의 정치신학을 어떻게 "탈구축"할 것인가?). 4 역사에 관해, 그리고 인간과 인간 고유의 것이라는 개념의 한계에 관해, "노동·작품·일·직업·신념고백" 개념의 계보에 관해, 소위 "노동의 종말"에 관해—마찬가지로 마지막 순간까지 신뢰를 보낼 "마치 ~인 것처럼" 해야만 할 "행위수행적인 것"의 범주에 관해 회피하지 않고 근본적인 질문을 제기해나갈, 인간의 법-권리들에 관한 재확인(또한 "인류에 반하는 범죄" 개념과 "국제형사재판소" 개념처럼, 예를 들어 최근에 진척된 인간의 법-권리들에 관한 "법률적-행위수행성"에 관한 재확인). 마지막 순간: "사건"이 그 이름에 부합하며 무엇을 의미하는지, 그리고 "마치 ~

인 것처럼comme si"과 "그 자체로서comme tel"라는 표현에서 "~처럼/~로서comme라는 낱말이 갖는 의미를 사유하기. (철학·존재론·현상학의 조건인) "그 자체로서"에서 '~로서'와 (우화와 문학의 요소인) "마치 ~인 것처럼"에서 '~처럼'에 관한 유령적인 성찰이 이 작품 전체를 관통한다.

철학이나 문학이 문제되든, 법-권리 자체가 문제되든, 왜 대학과 연관해서인가? 왜 이것들과 내일의 인문학이 문제되는가? 저항과 발명의 궁극적 자원이 기댈 곳은 어디일까? 그렇다면 이 도래할 대학은 무엇인가? 그리고 어째서 이 도래할 대학은 오늘날 대학이라고 불리는 것의 장벽 안에 갇혀 있지 않는가?

이 강연은 캘리포니아 스탠퍼드대학교 연속 특강의 일환으로 1998년 4월 영어로 발표되었다.

나는 내일의 대학에서 주로 예술과 인문학을 논하는 자리에 초대받아왔다. 강의의 첫 제목은 따라서 다음과 같았다.

직업[1]의 미래 혹은 조건 없는 대학 ("인문학"에 힘입어, 내일 **일어날 수 있는** 것)

일러두기

1. 단행본은 『』로, 논문 등은 「」로 표시하였다.

2. 원서에서 《 》로 인용 및 강조를 한 부분은 " "로, 대문자로 표기한 개념어와 이탤릭체로 강조한 부분은 고딕체로 표시했다.

3. 원주는 면주(*, † …… 등 기호)로, 옮긴이주는 미주(1, 2…… 등 번호)로 표시했다.

차례

조건 없는 대학 13

이 강연은 필경 신념고백[2] 같을 겁니다. 마치 어떤 교수가 자기 습관을 충실히 이행하지 않겠다거나 배신하겠다고 하면서 여러분에게 허락을 구하기라도 하는 **것처럼** 행하는 신념고백 말입니다.

굴곡진 여정에 저 자신을 맡기기에 앞서, 여러분에게 단도직입적으로 대략 토론 테제를 말씀드리겠습니다. 이 테제는 일련의 명제들로 주어질 것입니다. 사실 이것은 하나의 테제나 가설이라기보다 선언적인 앙가주망,[3] 신념고백의 형태를 띤 호소가 될 것입니다. 이 신념은 곧 대학에 대한 믿음이고, 대학 내부에 존재하는 내일의 **인문학**Humanités에 대한 믿음입니다.

앞에 제시한 저 긴 제목은 우선 근대 대학이 **조건 없이** 존재해야 한다**는** 것을 의미합니다. "근대 대학"이라는 이 말을 통해, 호화롭고도 복잡한 중세 역사 이후, 두 세기에 걸쳐 민주주의의 형태를 갖춘 국가들에서 지배적인 모델이 된, 다시 말해 "고전적"이 된, 유럽식 대학 모델을 이해해봅시다.[4] 이 대학은 학문의 자유라 불리는 것 말고도, 문제를 제기하고 제안하는 일에서 **무조건적인 자유**를, 나아가 **진리에 대한 연구**, 진리에 대한 지[知], 진리에 대한 사유를 요청하는 모든 것을 공(개)적으로 말할 권리[5]를 원칙적으로 요구하고 이를 인식하고 있어야 할 것입니다. 진리에 대한 준거는, 그것이 수수께끼 같은 것이긴 해도, 빛(Lux)[6]과 더불어 하나의 대학을 넘어 여러 대학의 상징적인 휘장에도 있기에 충분히 근본적인 것으로 보입니다.

대학은 진리를 **직업으로 삼습니다**.[7] 대학은 진리에 대해 제한 없는 참여를 선언하고 약속합니다.

확실히 진리의 위상과 변화는, 진리의 가치와 마찬가지로, 무한한 토론들(합치로서의 진리나 계시로서의 진리,[8] 이론적–진위진술적 언술 대상이나 시적–행위수행적 사건 대상으로서의 진리[9] 등)을 불러일으킵니다. 하지만 이런 것은 바로 대학 안에서, 그리고 **인문학** 소속의 학과들에서 특권적인 방식으로 논의됩니다.

이 만만찮은 질문들은 잠시 보류해두기로 하지요. 진리와 지식, 계몽[10]에 대한 이 거대한 질문이 인간에 대한 질문과 언제나 연관되어 있었다는 점만 미리 강조해두기로 합시다. 이 질문은 인간 고유의 것에 관한 개념, **인본주의와 인문**

학[11]에 대한 역사적 관념 모두에 토대를 둔 개념과 결부됩니다. 오늘날 쇄신되고 갱신된 "인권선언"(1984)과 "인류에 반하는 범죄"(1954)에 대한 사법적 개념 도입은, 세계화와 이를 지키기로 한 국제법의 지평을 이루고 있습니다. (저는 영어 '글로벌리제이션Globalization'이나 독일어 '글로발리지어룽 Globalisierung' 대신 프랑스어 '몽디알리자시옹mondialisation'을 고수하고자 하는데, 이는 지구globe도 코스모스cosmos도 우주univers도 아닌 어떤 "세계monde . world . Welt . mundus"에 대한 준거를 보존하기 위함입니다.)[12] 우리는 인간, 인간 고유의 것, 인권, 인류에 반하는 범죄의 개념적 네트워크, 이 네트워크가 이 같은 세계화를 조직한다는 사실을 알고 있습니다.

이 세계화는 따라서 어떤 '인간화'이기를 바랄 것입니다.

그런데 이 인간이라는 개념이 필수적이면서 동시에 항상 문제를 제기하는 것처럼 보인다면, 과연 그렇습니다만, 이것이야말로 제 가설의 모티프 중 하나이자, 여러분에게 말씀드리는바 신념고백의 형식을 한 저의 테제 가운데 하나인데, 이는 오로지 **새로운** 인문학의 공간에서만 그 자체로 조건 없이, 전제 없이 논의되고 다시 고안될 수 있을 것입니다.

저는 "새로운" 인문학을 통해 제가 듣고 이해하는 것을 구체화해보고자 합니다. 그러나 이 논의는 그것이 비판적인 것이건 탈구축[13]적인 것이건 인간, 인간 고유의 것, 인권, 인류에 반하는 범죄 등과 관련된 물음들 가운데 나오는, 진리에 대한 물음과 역사와 관련된 것으로, 이들 전부는 **무조건적인** 토론의 장소를, 작업과 재고에 필요한 전제 없는 합당한 공간을, 원칙상 대학 안에서, 무엇보다 대학 내 **인문학** 안에서, 찾아내야 합니다. 이는 대학이나 인문학 안에 갇히기 위해서가 아니라, 반대로 커뮤니케이션이나 정보, 아카이브화나 지식생산을 둘러싼 새로운 기술에 의해 변형된 새로운 공공공간에 접속하는 최상의 방법을 찾아내기 위해서입니다. (대학과 이 공공공간의 정치-경제적 바깥 사이에서 제기되는 중대한 질문 하나, 그러나 저로서는 여기서 제기해볼 수밖에 없는 그런 질문이 있습니다. 바로 출판시장에 대한 질문, 대학의 연구성과를 아카이브화하고 평가하고 정당화하는 출판시장의 역할에 대한 질문입니다.)

분명 이는 진리나 인간 고유의 것의 지평이 확정할 수 있는 경계는 아닙니다. 하지만 대학이나 **인문학**의 지평이 확정할 수 있는 것도 아니긴 마찬가지지요.

이런 조건 없는 대학 같은 것은 **사실상** 존재하지 않으며, 우리는 이 사실을 아주 잘 알고 있습니다. 그러나 조건 없는 대학은, 원칙적으로 또한 대학이 공표한 소명과 공언한 본질에 근거해, 독단적이고 불공정한 전유를 일삼는 모든 권력에 비판적으로—그리고 비판적인 것 그 이상으로—저항하는,

최후의 장소로 남아 있어야 합니다.

"비판적인 것 그 이상"이라고 말하면서 저는 "탈구축적인 것"을(왜 이 말을 곧장 말하지 않아 시간을 낭비했을까요?) 염두에 두고 있습니다. 저는 여기서 인간 개념의 역사만이 아니라 비판 개념의 역사 자체, 질문의 형식이자 권위,* 질문의 사유 형태에 비판적인 물음을 제기하는 무조건적인 권리로서 탈구축의 권리를 말하고 있습니다. 그 이유는 탈구축의 권리가 **긍정적으로** 또한 **행위수행적으로,†** 다시 말해 사건들을 생산하면서, 예를 들어 무언가를 쓰면서, 그리고 (지금까지 고전적이거나 근대적인 **인문학**에 속하는 것은 아니었던) 독특한 **작품들**을 나오게 하면서, 비판적인 질문을 할 권리를 내

---

* 저는 이외에도 여러 곳에서 그리고 그중에서도 『정신에 대해서, 하이데거와 물음De l'esprit, Heidegger et la question』(Galilée, 1987, 147쪽 이하)에서, 물음의 권위라는 이 '물음', 전前-근원적 동의에 대한 준거를 다룬 바 있으며, 이 전-근원적 동의는 쉽게 믿음을 주지도 실증적이지도 교조적이지도 않아서, 모든 질문에 의해, 그 질문이 아주 필연적인 것이든 무조건적인 것이든, 우선 철학적인 것의 기원 자체를 미리 상정하고 있습니다.

† 잠시 저는 '긍정'을 '행위수행성'에 결부시켜두겠습니다. 긍정의 '그렇다'가 어떤 **입장**에 대한 실증성la positivité d'une position으로 환원되지는 않습니다. 하지만 그것은, 행위수행적 언어행위와 실로 닮아 있습니다. 그것은 아무것도 기술하지 않고, 확인하지 않으며, 대답하면서 참여합니다. 그러나 좀 지나 강연 막바지에 이르러, 저는 **사건**의 경험에 의해, 무조건적인 노출에 의해, 도래하는 것 내지는 도래하는 자에게, 행위수행성 자체가 압도되는 지점을 위치시키려 시도할 것입니다. 언어활동 일반의 힘이 그런 것처럼 행위수행성은, 아주 어려워 보입니다만, 무조건성 일반으로부터, 힘없는 어떤 무조건성으로부터, 제가 구별해내려는 주권의 측면에 여전히 자리하고 있습니다.

포하기 때문입니다. 이런 작품들이 구성해낼 사유의 사건은, 모든 대학의 헌장과 신념고백을 형성하는 진리 혹은 인간성 개념에, 그것을 반드시 배반하지 않고도 뭔가를 일으키는 문제일 것입니다.

이 무조건적인 저항의 원칙, 그것은 법학부를 통해서 하건, 법-권리에 관한 물음들을 검토할 수 있는 새로운 인문학—이번에도 에두르지 않고 이 말을 왜 바로 안 했나 싶은데, 말하자면 그 고유의 역사 탈구축, 그 고유의 공리 탈구축을 필두로 하여, 탈구축의 임무를 질 수 있는 **인문학**—에서 하건, 대학 스스로가 동시에 **고찰하고 고안하고 제기해야 하는** 어떤 법-권리인 것입니다.

이 테제의 귀결은 이렇습니다. 이런 무조건적인 저항은 수많은 권력을 가진 대학과 대립하는 일일지도 모릅니다. 즉 국가권력(따라서 국민국가의 정치적 권력과 이와 분리할 수 없는 주권이라는 국민국가의 환상과 함께하는 권력이죠. 이는 국민국가 일반과 세계시민권 너머로 확장되면서, 어떻게 대학이 범세계적일 뿐만 아니라 보편적일 수 있는지를 앞서 보여줍니다), 경제적 권력(국가적이고 국제적인 자본의 집중), 미디어적 이데올로기적 종교적 문화적 권력 등등과, 요약하면 '도래할 민주주의'를 한계짓는 온갖 권력과 대립하는 일일지도 모른다는 거지요.

대학은 따라서 또한 민주주의의 현재적이고 확정된 모습도 아닌, 이론적인 비판으로서의 비판의 전통적 사유도 아닌, "물음"의 형태 즉 "질문하기"로서의 사고가 지닌 권위조차 아닌 장소로서, 그 무엇도 질문하기를 피해갈 수 없는 장소가 되어야 할 것입니다. 바로 이런 이유로 저는 지체하지 않고 숨김없이 탈구축에 관해 말했던 것입니다.

여기에 우리가 조건 없는 대학이라고 부를 수 있는 것, 요청해야 할 것들이 있습니다. 이것이 허구나 지知의 실험이라는 형태를 띤다고 해도, 이는 모든 것을 말할 제1의 권리, 그것을 공적으로 말할 권리, 그것을 발표할 권리입니다. **공공공간**에 대한 이와 같은 준거는 새로운 **인문학**을 **계몽**의 시대와 이어주는 연결고리가 될 것입니다. 이것은 모든 것을 말할 권리나 의무에 기초한 또다른 제도들, 예를 들어 종교적인 고백이나 정신분석 상황에서의 "자유연상"을, 대학 제도와는 구별해주지요. 그러나 또한 공공공간에 대한 준거는 근본적으로 대학을, 특히 **인문학**을, 유럽적이고 말 그대로 근대적인 의미에서 우리가 문학이라고 부르는 것과도 연결시켜줍니다. 공적으로 모든 것을 말할 권리로서의 문학,[14] 허구의 방식일지라도 비밀을 유지할 권리로서의 문학 말입니다. 신념고백과 아주 밀접한 고백에 대한 이러한 암시는, 저의 요지를 세계라는 무대에서 오늘날 일어나고 있는 것에 대한 분석으로 이어줍니다. 고백·자백·회개·속죄·용서 요청이라고 하는, 보편적인 과정과 닮아 있는 분석으로 말입니다. 이에 대해서는 그날그날 일어나는 무수한 사례를 인용해볼 수 있겠지요. 아주 먼 옛날 일어난 범죄건 어제의 범죄건, 노예제나 유대인 학살 또는 인종차별 범죄건, 게다가 (얼마 전 교황이 양심 시험이라도 거쳐야 할 것이라고 발언한) 종교재판 폭력이건, 우리는 항상 명시적으로든 암묵적으로든 "인류에 반하는 범죄"라는 아주 최근의 법적 개념을 준거 삼아 참회했던 것입니다.

우리가 **직업**profession, **신념고백**profession de foi, **고백**confession을 나란히 연관시켜보고자 하므로, 14세기에는 사회적 직업적 범주에서 죄의 고백이 가능할 수 있었다는 사실[15]을 상기하고 강조하는 데 그쳐야겠는데, 이와 관련해서는 매우 긴 본론이 요구될 테니 말입니다. 1317년의 『아스테사나 대전』[16]은 고해자가 고백할 때 그의 사회적 직업적 위상을 참조하여 신문받게끔 규정하고 있습니다. "군주는 정의에 대해, 기사는 약탈에 대해, 상인·관리·장인·직공은 거짓서약·사기행위·허언·절도 등에 대해, ……부르주아들과 일반 시민들은 고리대금과 양도저당에 대해, 농민은 탐욕과 특히 십일조와 관련된 절도 등등"*에 대해 신문을 받는 거였죠.

한번 더 강조해둬야 할 게 있습니다. 원칙적으로든 법률상으로든, 이 무조건성이 대학의 불굴의 힘을 구성한다고 치면, 사실상 단 한 번도 이 힘이 현실이 되지 못했다는 것입니다. 추상적이고 과장된 '정복 불가능함' 때문에, 그 자체의 불가능성 때문에, 이 무조건성은 대학의 약점이나 취약성을 노출하고 있죠. 이는 대학의 무능을, 대학에 명령을 내리고 대학을 포위하고 대학을 전유하려 시도하는 모든 권력 앞에서 대학이 취하는 방어의 취약함을 드러냅니다. 왜냐하면 이 무조건성은, 권력이 낯설 뿐만 아니라 권력에 원칙적으로 이질적이기 때문입니다. 또 대학은 자신만의 권력도 가질 수 없는 곳이니까요.

바로 이런 이유로 우리는 여기서 **조건 없는 대학**을 말하고 있습니다.

제가 "대학"을 말하는 이유는, 대학의 독립성을 원칙적으로 인정하지 않은 채 여타 종류의 경제적 이익과 목적에 복무하는 모든 연구기관과 대학을 엄밀한 의미에서 구별해두기 위해서입니다. 또한 제가 "무조건적인"이란 말만큼이나 "조건 없는"이란 말을 한 이유는 "권력 없는" 혹은 "방어하지 않는"이란 뜻이 여기에 함축되어 있다는 사실을 이해할 수 있게 하기 위해서입니다. 이는 대학이 절대적으로 독립적이

* Jacques Le Goff, *Un autre Moyen Âge*, Gallimard, coll.《Quatro》, 1999, 172쪽.

며, 이와 마찬가지로 노출되어 제공되는 성채이기 때문입니다. 대학은 취해야 하는 것으로 남아 있고, 걸핏하면 무조건 항복해야 하는 운명에 처해 있습니다. 도처에서 대학은 항복하고 있으며 항복을 준비하고 있습니다. 대학에 부여하는 조건들을 대학이 받아들이지 않기에, 대학은 무조건 항복하느라 때때로 제약을 받고 창백해질 때까지 피를 흘리며 추상적인 것이 되어가고 있는 것입니다.

그렇습니다. 대학은 항복하고, 대학은 때로는 매각되고, 대학은 간단히 점령되고 탈취되며 매수될 위험에 노출되어 있으며, 대기업이나 다국적기업의 지사支社로 막 변해가고 있습니다. 오늘날 아메리카합중국에서 그리고 전 세계에서 주요 정치적 관건은 이런 것입니다. 연구 및 교육기관은 어느 정도까지 지원을 받아야 하는가, 즉 직접적이거나 간접적으로 통제받아야 하는가, 완곡하게 표현한다면 상업이나 산업의 이익을 목적으로 "스폰서를 가져야" 하는가. 이러한 논리에 따라 주지하듯 **인문학**은, 항상 학술세계에서 수익성이 보장될 것이라 여겨져 해외자본 투자와 연결된 순수과학이나 응용과학 학과들의 인질이 되었습니다.

이로써 단순히 경제적이거나 사법적이거나 윤리적이거나 정치적인 것만은 아닌, 다음과 같은 한 가지 의문이 제기됩니다. 대학은 무조건적인 독립을 확언할 수 있을까요? (그럴 수 있다면 어떻게?) 대학은 일종의 **주권**을 요구할 수 있을까요? 주권 독립의 추상화는 불가능하니 이렇게 말해봅시다. 조건 없이 포기하고 또 항복하라고, 아무 가격으로나 팔려나가고 인수되어도 내버려두라고 강요당하는 최악의 위험을 조금도 감수하지 않은 채, 대학은 주권의 극히 독창적인 유형을, 예외적인 유형을 요구할 수 있는 것일까요?

대학에는 따라서 저항의 원칙뿐만 아니라 저항의 힘, 그리고 불화의 힘도 필요합니다. 무조건적인 주권 개념의 탈구축이 필요하다는 것은 의심의 여지가 없고 실제로 진행중인데, 이것이 이제 겨우 세속화된 신학의 유산이기 때문입니다. 국민국가의 소위 주권을 가장 잘 보여주는 사례와 그 밖의 사례에서(왜냐하면 주권은 도처에 있으며, 가는 곳마다 자신의 자리를 찾아내고, 주체·시민·자유·책임·민족 등의 개념에서 필수적인 것이기 때문에 그렇습니다), 주권의 가치는 오늘날 철저히 분해되고 있습니다. 그러나 이 필연적인 탈구축이 대학의 독립 요구를, 즉 조금 이따가 제가 구체적으로 명시할 주권의 극히 특수한 형태에 대한 요구를 위태롭게 하지는 않는지, 지나치게 악화시키지는 않는지 주의해봐야 합니다.

이러한 것들이 바로 정치적 결정이나 전략에서 관건이 되겠지요. 이 관건이 가설로서, 혹은 제가 여러분의 성찰에 맡길 신념고백의 지평으로서 거기 머물러 있을 것입니다. 모든 것을 말할 권리, 혹은 모든 것을 말하지 않을 권리를 요청하면서, 그리고 인간에 관한, 주권에 관한, 모든 것을 말할 권리 자체에 관한, 따라서 문학과 민주주의에 관한, 진행중인 세계화에 관한, 세계화의 기술—경제적이고 종교적인 측면에 관한 탈구축적인 모든 물음을 던질 권리를 요청하면서, 분할 불가능한 주권 원칙의 역사(그리고 무엇보다 학술적인 그 역사)를 어떻게 탈구축할 수 있을까요?

저는 오늘날 대학을 위협하는, 대학 안에서도 특히 일부 학문 분야를 위협하는 혼란기에, 이러한 저항의 힘, 공공공간에서 모든 것을 말한다고 가정된 이러한 자유가 인문학—발전시켜야 하는 전통의 저편에서 그 정의를 정련하고, 탈구축하고 조정해야 하는 개념—이라 부르는 것 안에서 유일하거나 특권화된 장소를 갖는다고 주장하는 것은 아닙니다. 그러나 이 무조건성의 원리는 애초에 그리고 대표적으로, **인문학에 현존합니다.** 이 원리에는 인문학에서 근원적이고 특권화된 **현존·발현·보호**의 장소가 있습니다. 또한 이 원리에는 고유한 논쟁과 재고안의 공간이 있습니다. 이 모든 것은 문학과 언어들(다시 말해 인간과 문화 과학이라 불리는 학문들)만큼이나 비언어적 예술들을 거쳐, 법과 철학을 거쳐, 비평을 거쳐, 질문하기를 통해 나아가고, 또한 비판철학과 질문하기를 넘어 탈구축으로 나아갑니다. 바로 이 탈구축으로부터,

인간 개념, 인간성의 일반적인 양상, 특히 지난 수세기 동안 우리가 대학에서 **인문학**이라 불러왔던 것들이 전제하는 양상을 다시-사유하는 것이, 덜 중요하다고는 말할 수 없는 사안으로 부각됩니다. 적어도 이러한 관점에서 보면, 탈구축은 (이 용어를 사용하는 것에도, 심지어 이를 요청하는 것에도 저는 전혀 불편함을 느끼지 않습니다) 영토 회복을 위한^{irrédentiste} 저항의 자리로, 나아가 유사하게는 일종의 **시민불복종**의 원리로, 나아가 어떤 상위법과 사유의 정의라는 이름으로, '불화'의 원리로, 대학에서 인문학에서도 특권화된 자리를 차지하고 있습니다.

여기서 이러한 저항이나 불화의 **정의**正義를 여러 법 위에 있는 법에 따라 간혹 명하는 것을 **사유**라고 부르기로 합시다. 이것은 또한 탈구축을 작동하게 하거나 탈구축을 정의**로서** 고취시키는 것이기도 합니다.* 법, 법-권리를 넘어서는 정의에 기초한 이러한 법-권리,[17] 우리는 이들에 공간을 제한 없이 열어주어야 하고, 이에 따라 이 주권을 갖는 무조건성이 역사 가운데 취할 수 있었던 모든 규정된 양상을 탈구축하는 것을 우리 스스로 허용해야 할 것입니다.

* '법-권리droit'가 아닌 정의에 관한 주제를 명확하게 밝히거나 증명할 수 없는 관계로, 이에 관해서는 『마르크스의 유령들Spectres de Marx』(Galilée, 1993)과 『법의 힘Force de loi』(Galilée 1994)을 참조하라.

그러기 위해 우리는 **인문학** 개념을 확대하고 재고안해내야 합니다. 제 생각에 단순히 **인문학**과 인문학의 오래된— 한편으로 어떤 대가를 지불하더라도 보호되어야 한다고 제가 믿고 있는—정전들을 수없이 결부시키는 보수적이고 인본주의적인 개념은 더이상 문제가 아닙니다. **인문학**의 이 새로운 개념에는 자기 전통에 충실히 임하면서도 법학, 번역이론들, 이어서 앵글로색슨 문화권에서 독창적으로 형성된 것 중 하나인, 우리가 (문학이론·철학·언어학·인류학·정신분석학 등이 독창적으로 결합된) "이론"이라고 부르는 것은 물론, 이 모든 장소에서 펼쳐지는 탈구축적 실천들도 포함되어 있어야 할 것입니다. 우리는 여기서 한편으로 자유·자율·저항·불복종·불화의 원리, 학술적인 지知의 장場 전체와 동일한 외연을 갖는 원리, 그리고 다른 한편으로 제가 생각하기에 이제 더는 **인문학**보다는 **변형된 인문학**에 속할 현전, 재고안, 그리고 주제 토론 전용 장소를 세밀하게 구분할 필요가 있습니다. 이 모든 것을 왜 문학에 대한 물음에, 우리가 문학적 허구라고 부르는 민주적 제도에, 특정한 시뮬라크르에, "마치 ~인 것처럼"에, 그뿐 아니라 직업이며 그 미래에 관련된 물음에까지도 되풀이해서 연결짓는 것일까요. 단순히 일métier[18]만은 아닌 **노동**travail의 역사를 통해, 그런 다음 늘 직업만은 아닌 일의 역사를 통해, 또 다음으로 늘 교수의 역사만은 아닌 직업의 역사를 통해, 저는 조건 없는 대학이라는 이 문제 의식을 서약gage에, 참여에, 약속에, 믿음에 따른 행위에, 믿음의 선언에, 신념고백에 연관지으려고 합니다. 이 신념고백은 대학에서, 그중에서도 **인문학**이라는 이름으로 다시 부를 무조건성의 원리가 스스로 현시하는 이 장소에서, 독창적인 방식으로 믿음을 지知에 연관짓습니다.

어떤 방법으로 믿음을 지知에, 믿음을 지知 안에 연관짓는 것은, 행위수행적이라고 표현할 운동들과 진위진술적 기술적 또는 이론적 운동들을 결합하는 것입니다. 어떤 믿음 고백, 어떤 참여, 어떤 약속, 떠맡은 어떤 책임, 이런 것들은 지知에 관한 언술들이 아닌, 발화로 사건을 만들어내는 행위수행적 언술들을 요청합니다.

그러므로 "공언하다·가르치다·고백하다professer"가 무엇을 의미하는지 자문해봐야 할 것입니다. 이 말을 할 때, 우리는 행위수행적으로 무엇을 하는 것일까요? 또한 우리가 어느 직업profession에, 특히 교수professeur로서 직업에 종사한다고 할 때 무슨 일을 하는 것일까요? 지금은 고전이 되다시피한 오스틴의 행위수행적 발화행위speech acts와 진위진술적 발화행위 사이의 구별을 저는 대체로 오래도록 신뢰할 것입니다. 이 구별은 금세기의 커다란 사건이 될 것이며, 무엇보다도 학술적 사건이 될 것입니다. 이 구별은 대학 안에서 발생할 것입니다. 어떻게 보면, 이러한 구별을 생겨나게 하고 그 가능성을 탐구하는 일이 바로 **인문학**입니다. 그것도 계산 불가능한 결과들과 더불어, 인문학에서 그리고 인문학에 의해서 일어나는 일이죠. **진위진술적인 것**constatif과 **행위수행적인 것**performatif 사이의 이러한 구별이 갖는 힘, 정당성, 필연성을 전적으로 인식하면서도, 어느 정도의 지점에 도달한 다음 이 구별에 이의를 제기하고 물러나기보다는, 그 전제들을 살피고 이 구별을 분석해볼 기회가 제게는 자주 있었습니다.* 오늘도 그럴 테지만 이번에는 다른 관점에서, 이 한 쌍의 개념을 중요하게 다룬 다음에 이 개념이 실패하는, 그리고 실패해야 하는 어떤 장소를 고안해보겠습니다.

이 장소야말로 정확히 말해 **당도할 곳**, 우리가 당도하거나 우리에게 당도하는 무엇, 사건, 일어난 일의 장소로서, 행위수행적인 것, 행위수행적 **권력**을, 진위진술적인 것도 마찬가지로 개의치 않는 곳일 겁니다. 이것은 인문학에서 그리고 인문학에 의해 도래할 수 있습니다.

지금 저는 마지막과 동시에 처음으로 시작하려고 합니다. **마치 처음인 것처럼** 마지막으로 시작해버렸기 때문입니다.

---

* 특히 "Signature événement contexte", *Marges-de la philosophie*(Minuit, 1972)와 *Limitied Inc.*(Galilée, 1990) 참조하라.

I

마치 노동의 종말이 세계의 기원인 **것처럼**.

그렇습니다. "마치 ~인 것처럼"이라고, 저는 분명 "마치 ~인 것처럼"이라고 말했습니다.

노동의 역사에 관해 고찰하면서, 아울러 저는 여러분께 "~처럼/~로서^{comme}" "그 자체로서$^{comme\ tel}$" "마치 ~인 것처럼$^{comme\ si}$"에 관한 고찰도 제시하려고 합니다.

그리고 아마도 가상현실적인 것[19]의 정치도 이 고찰에 포함되겠지요.

그것은 가상현실적 정치가 아니라, 세계화의 사이버스페이스 내지 사이버월드에서 가상현실적인 것의 정치입니다.

우리가 주지하듯, 대학 활동의 장소와 본질에 영향을 주고 있는 여러 변화 가운데 하나는 소통·토론·출판·아카이브화를 위한 공간이 오늘날 장소를 잃고 어느 정도 가상현실화하고 있다는 거지요. 대학 구조에 비춰보면 가상현실화가 정말로 새로운 일은 아닙니다. 어느 정도 흔적이 존재하자마자 거기서 무엇인가의 가상현실화가 진행되기 시작하니까요. 이것이 탈구축의 첫걸음입니다. 새로운 것은, 실재를 유령으로 만들어버리는 이러저런 가상성으로서의 자본화가 양적으로 그 리듬을 가속화하여 규모를 늘리고 권력을 갖는 일입니다. 바로 여기서, 가능한 것과 불가능한 것의 개념을 재고해야 할 필요성이 생깁니다. 가상현실화 기술의 이 새로운 "단계"(가상현실 방식으로 즉각 컴퓨터화·디지털화·세계화하고 있는 독해 가능성, 원격노동 등)는, 우리들 누구나 경험하고 있듯, 대학의 환경을 불안정하게 만들고 있습니다. 이 단계는 대학의 위상을 뒤흔들고 대학의 장소를 조직하는 모든 것, 즉 대학의 분야나 학문의 경계가 형성된 영역은 물론, 대학 토론의 장소, 토론의 전장, **싸움터**Kampfplatz,[20] 그 이론적 **전쟁터**battlefield를, 그리고 대학 캠퍼스[21]의 공동체적인 구조까지 불안하게 만들어버립니다. 오늘날 컴퓨터·원격노동·월드와이드웹을 아우르는 사이버스페이스 시대에 캠퍼스의 공동체적 장소와 사회적 관계는 어디에 있습니까? 비록 대학

민주주의이기는 해도, 민주주의의 수행은 마크 포스터가 "사이버데모크라시"*라고 부르는 것 어디에 자신의 **장소**를 갖고 있을까요? 충분히 느끼고 있겠지만, 좀더 근본적으로 보자면 이렇게 해서 붕괴되는 것, 그것은 바로 사건의 위상, '독특한 장소-갖기'[22]의 경험입니다.

"마치 ~인 것처럼"이라고 말할 때 우리는 무엇을 하는 것일까요?

제가 "마치 노동의 종말이 세계의 기원인 것 **같습니다**"라고 아직 말하지 않았다는 사실을 주시해주시기 바랍니다. 무엇이 되었건, 또 어떤 것이건, 저는 말하지 않았으며, 주절主節을 붙여 말하지 않았습니다. 여러분의 주의를 끌기 위해 마치 제가 "마치 ~인 것처럼"의 일례를, 맥락 밖에서 단독으로 작동하게 놔두었으면 하듯, 저는 기묘한 이 종속절("마치 노동의 종말이 세계의 기원인 것처럼")을, 공중에 매달아놓은 채 단절 상황에 내맡겨버렸습니다. "마치 ~인 것처럼"이라고 우리가 말할 때, 우리는 과연 무엇을 하는 걸까요? "만약"이라는 표현은 무엇을 하는 걸까요? **마치** 제가 곧 열거하기 시작할 여러 가능성 중 최소한 하나 또는 한번에 둘 이상에 대

* Mark Poster, "CyberDemocracy: Internet and the Public Sphere", in *What's the Matter with the Internet?*, University of Minnesota Press, 2001 참조.

해 대답하는 것처럼 답해봅시다.

1. 첫번째 가능성입니다. "마치 ~인 것처럼"이라고 할 때, 우리는 우리 자신을 자의적인 것, 몽상, 상상력, 가설, 유토피아에 내맡기고 있는 걸까요? 제가 지금부터 말하려는 것은 모두, 그 대답이 그다지 단순하지 않음을 보여줄 겁니다.

2. 혹은 두번째 가능성입니다. "마치 ~인 것처럼"을 이용해, 우리는 예를 들어 칸트의 "반성적 판단력" 같은 몇몇 판단 유형을 활용합니다. 칸트는 마치 오성悟性이 경험적 법칙들의 체계적 통일성을 내포하거나 함축하고 있는 것처럼 혹은 "마치 우리의 의도를 살려주는 운좋은 우연이나 되는 것처럼"*23 "마치 ~인 것처럼als ob"이 반성적 판단력을 작동시키고 있다고 규칙적으로 말한 바 있습니다. 마지막으로 인용한 칸트의 이 언술에서 "마치 ~인 것처럼"의 중함, 진지함, 돌이킬 수 없는 필연성은, 자연의 합목적성 개념 외에 다른 것을 말하고 있진 않는데, 칸트가 우리에게 말하는 합목적성 개념은 명확하게 밝혀내기가 가장 기이하고 가장 까다로운

* "gleich 'als ob' es ein glücklicher unsre Absicht begünstigender Zufall wäre", Emmanuel Kant, *Kritik der Urtheilskraft, Einleitung*, IV et V, *Kantswerke*, Akademie-Textausgabe, V, 181쪽(§ 27)과 184쪽(§ 34).

개념입니다. 왜냐하면 그 개념은 칸트 말마따나 **자연의 개념**도 아니고 **자유의 개념**도 아니기 때문이지요. 칸트가 이런 맥락에서 말한 것은 아닙니다만, 따라서 이 "마치 ~인 것처럼"은 그 자체로 일종의 탈구축적 요인일 수밖에 없을 텐데, 그도 그럴 것이 우리가 구별해서 자주 대립시키곤 하는 자연의 질서와 자유의 질서라는 두 질서를 어떻게든 넘어서며 무력화하는 것에 가까우니 말입니다.

일련의 "마치 ~인 것처럼"이 좌절시킨 이 대립이야말로 기본개념 전부를 조직합니다. 모든 대립 속에서 이 개념들이 결정되고, 이 개념들이 인간 고유의 것, 인간의 인간성을 결정합니다. 피시스/테크네physis/technè, 피시스/노모스physis/nomos, 자연 대 인간성, 또 **인문학**의 성질이기도 한 이 인간성에서, 우리는 사회성·법–권리·역사·정치·공동체 등 그 일체를 동일한 대립들 내에서 발견하게 됩니다. 또한 칸트는 "마치 ~인 것처럼"이 우리들 경험이 일관되게 조직되는 데 결정적인 역할을 한다고 결국 설명합니다.

한편으로 칸트는 교육에서, 문화에서, 취미에 대한 비판[24]에서, **인문학**의 역할을 지극히 복잡한 방식으로 정당화하는 동시에 이를 한계지으려 했던 철학자이기도 합니다.* 이러한

* 같은 책, §60.

점은 제가 많이 신세를 지고 있는 친구이자 동료 중 두 분이 훌륭하게 상기시키고 분석한 바 있는데, 새뮤얼 웨버는 저에게도 귀중한 저서—최근 「인문학의 미래」라는 논문*을 앞에 첨부한—『제도와 해석』†에서 다양한 관점에 단서를 열어주었고, 페기 카무프는 뛰어난 저작 『문학의 분리 또는 탈구축된 대학』‡에서 칸트의 같은 텍스트를 다루고 있습니다. 새뮤얼 웨버와 페기 카무프는 탈구축과 대학의 역사 그리고 인문학 사이에서 일어나고 있는 것과 관련하여 결정적인 사안들을 언급하고 있으니 여러분이 참조하셨으면 합니다. 제가 오늘 저녁 이곳에서 탐구하려 하는 것은 동일한 현장 속의 다른 길, 같은 풍경 속의 다른 경로입니다. 만약 제 길이 여기서 다른 것처럼 보인다면, 제가 필경 교차로 하나 이상에서, 예를 들어 칸트를 참조할 때, 그들의 발길과 포개어져서 그럴 것입니다. 인문학과 결부된 제도들과 과목들, 여기서 제기되는 전문화 문제들과 관련한 모든 담론에서, 칸트의 **제3비판**

* Samuel Weber, "The Futur of the Humanities" in *Unisa as Distinctive University for our Time*, ed. C. S. de Beer, Interdisciplinary Discussion Forum, University of South Africa, 1998, 127~154쪽; *Institution and Interpretation*, expanded edition, Stanford University Press, 2002, 236~252쪽.

† Samuel Weber, *Institution and Interpretation*, University of Minnesota press, 1987, 143쪽.

‡ Peggy Kamuf, *The Division of Literature, Or the University in Deconstruction*, University of Cicago Press, 1997, 15쪽.

이 미합중국으로 집요하게 되돌아오는 것은 조금도 놀랄 만한 일이 아닙니다. 칸트는 이 주제와 관련된 명제들을 전부가지고 있습니다. 자유업으로 삼건, 정기적 보수를 받아 하건, 혹은 금전을 목적으로 하건, '노동' '일' 그리고 '기예^{arts}'와 관련된 명제들, 또한—일전에 「에코노미메시스」나 「모크로스」[†]에서 제가 관심을 가졌던—학부들 논쟁과 관련된 명제들이 특히 그렇습니다.

이렇게 칸트에게 호소하는 일이 반복되는 현상은, 분석되어야 할 역사상의 이유 때문인데, 인문학이라는 용어가 특이한 역사를 갖고 있는 미합중국에서, 그러니까 단 한 번도 이런 문제가 있던 적이 없거나 혹은 유럽에서는—그리고 필경 아메리카 문화가 아직 지배적이지는 않은 세계의 도처에서는—잃어버린, 어떤 투쟁적 존재감이나 반향을 불러일으키며 의미론적 에너지와 함께 이 세기의 끝자락에 '문제라고 하는 것의 모습'을 간직하고 있는 미합중국에서, 무엇보다뚜렷하게 나타납니다. 여기에는 동기들이 얽혀 있습니다. 특히 미합중국과 미합중국의 기술-경제적 기술-과학적 정치적 권력에 의해, 한층 더 불가피하고 눈에 드러나는 방식으

---

* *Mimesis des articulations*, Aubier-Flammarion, 1975.
† "Mochlos-ou le conflit des facultés", *Du droit à la philosophie*, Galilée, 1990.

로 흘러가는, 현재진행형인 세계화의 여러 효과라는 동기들
이 말이죠.

3. 마지막 **세번째 가능성**입니다. 일련의 "마치 ～인 것처럼"
이, 우리가 어제의 인문학이라고 하든 오늘과 내일의 인문학
이라고 하든, 인문학이라고 하는 학문 영역에 속한 모든 대상
의 구조와 존재양식을 수천 가지 방식으로 나타내주는 것은
아닐까요? 저는 마치 우리가 허구·예술·작품에 관한 신뢰할
만한 개념들을 이미 가지고 있다는 듯이 굴면서, 이 "대상들"
을 대번에 허구로, 시뮬라크르로, 예술작품으로 한계지으려
고 서두르진 않을 겁니다. 그러나 상식에 따라 "마치 ～인 것
처럼"의 양상이, 우리가 **작품들**—특히 예술작품이나 미술작
품(회화·조각·영화·음악·시·문학 등)—이라고 하는 것에 적
합할 뿐만 아니라, 복잡한 단계와 그 정도에 따라 모든 담론
적 이념성에도 적합해 보인다고, 대학 일반영역에서 **인문학**
이라 일컬어지는 여러 분과학문을—그리고 법학 과목들과
법의 산물과 학문적 대상들 일반의 저 일련의 구조까지—정
의하는 상징적이거나 문화적인 모든 산물에도 적합해 보인
다고, 이렇게 말해볼 수는 없는 걸까요?

저는 칸트의 "마치 ～인 것처럼"을 벌써 두 차례 인용했습

니다. 하지만 마지막 세번째 "마치 ~인 것처럼"이 있습니다. 제가 이 세번째에 기탄없이 동의하는 것은 아닙니다. 제 생각에 칸트는 **자연과 예술** 사이의 일련의 대립을 지나치게 신뢰한 것 같습니다. 방금 **자연과 자유**의 대립처럼, "마치 ~인 것처럼"이 이 구분을 뒤흔드는 그 순간에조차 말입니다. 그러나 저는 **두 가지 이유**에서 이 지적을 상기하고자 합니다. 한편으로는 아마도 칸트적인 "~처럼/~로서"나 "마치 ~인 것처럼"의 의미·위상·관건을 변화시키는 것이 쟁점이라는 사실을 암시하기 위해서일 겁니다. 미묘한 이동이기는 하나, 제게 그 결과들은 한계가 없는 것처럼 보입니다. 다른 한편으로 저는 예술작품의 본질적 경험 양상을 설명하는 "마치 ~인 것처럼"을 인용하려고, 다시 말해 오늘 우리가 중시하다시피 고전적인 **인문학** 분야를 폭넓게 정의하는 일을 알아보려고 준비중입니다. 칸트는 미적 기예의 산물과 마주한 우리는 그것을 기예로, 자연이 아닌 것으로 의식할 수밖에 없으며, 그럼에도 그 산물의 형식이 지닌 합목적성은, **마치** 그 산물이 순전히 자연의 산물인 **것처럼**, 자의적 규칙들을 통해 일체의 강제로부터 아주 자유로운 것처럼 보이게 해야 한다고 말합니다.* 저는 임시로 제 논지나 가설, 저의 신념고백을

---

* 강조는 인용자. "An einem Producte der schönen Kunst muss man sich bewusst werden, dass es Kunst sei und nicht Natur; aber doch muss die

조금 떨어뜨려놓고 소개하는 식으로 "마치 ~인 것처럼"이라
는 말이 만들어내는 이 골치 아픈 문제로 여러분의 주의를
끌어볼까 하는데, 이는 시뮬라크르를 닮은 이 혼란스러운 무
엇에, 제가 다루고자 하는 여러 가지 물음, 직업·고백·조건
이 붙거나 조건이 없는 대학─인간의 인간성과 인문학, 노
동과 문학─관련 물음을 던져 연결해보는 일입니다.

왜냐하면 제가 여러분과 함께 시도해보려는 것은 명백히
불가능한 일이거든요. 다시 말해 이 "마치 ~인 것처럼"을 어
떤 '사건'에 관한 사유와, 즉 **아마도** 일어날 수 있을─뭔가
가 **발생한다고**, 제 장소를 발견하리라고 가정해보게 되는─
그 일에 관한 사유와, 이를테면 **노동**이라고 하는 것에서 지
금 일어날 **수도 있을** 것에 관한 사유와 연결시켜보려는 시도
니까요. 일반적으로 우리는 사건이 일어나려면, 장소를 가지
려면, "마치 ~인 것처럼"의 질서를 중단시켜야 한다고, 그래
서 사건의 "장소"는 "마치 ~인 것처럼"의 논리 전체를 부인
할 수 있을 만큼 충분히 현실적이며 실제적이고 구체적이지

Zweckmässigkeit in der Form desselben von allem Zwange willkürlicher
Regeln so frei scheinen, 'als ob' es ein Product der blossen Natur sei",
Immanuel Kant, *Kririk der Urtheilskraft*, § 45, 306쪽(임마누엘 칸트, 『판단력
비판』, 백종현 옮김, 아카넷, 2009, § 45, 337쪽).

않으면 안 될 거라고 생각합니다. 한데 장소 자체가 영토적(따라서 국가적) 뿌리에서 벗어나 가상현실적인 것이 되어버릴 때, 그렇게 장소 자체가 "장소"의 양상에 종속되어버릴 때는 과연 무슨 일이 일어날까요?

이렇게 저는 반드시 내일 일어나는 것은 아닌, 아마도—저는 **아마도**라고 확실히 말해두겠습니다—앞으로 다가올 일로서의 한 사건에 대해 말하겠습니다. 대학에 의해 다가올, 대학을 **통해**, 대학 **덕분에**, 대학이라 불리는 곳 안에서 지나가고 일어날 사건, 여전히 정의할 수 있다고 가정해야 할, 우리가 단 한 번도 대학 **내부**를, 다시 말해 **주권적 대학의 고유한 본질**을, 그리고 대학 내부에서 **인문학**이라는 이름하에 고유한 방식으로 여전히 찾아낼 수 있는 무언가를 단 한 번도 찾아내는 법을 몰랐다고 가정해야 할, 그런 사건 말입니다. 여기서 저는 항상 그랬어야만 하거나, 창설 이후 그 원칙에서, 그 제도에서, 그 말에서, 그 에크리튀르(글쓰기·기록·서기체계)에서, 그 사유에서, 무조건적으로 자유롭고 자율적인 "원인"을, "무언가"를 표현해야 한다고 여겨져왔던 대학을 참조하고 있습니다. 보관된 문서들이나 지^知의 산물들뿐만 아니라, 이상적인 온갖 중립성과 거리가 먼, 행위수행적 작품들일 어떤 말, 어떤 에크리튀르, 어떤 사유에서 말입니다. 우리 이렇게 물어보기로 합시다. 그렇다면 왜 능동적이고 전투적

으로 존중하면서, 작품으로 실행하면서, 이 무조건적인 자유의 원칙이 온갖 다른 학문 분야도 아니고 우선해서 새로운 **인문학**에 맡겨져야만 할까요?

현실로 착각한 가상현실적 욕망이나 기껏해야 고작 진지한 약속 따위와 비슷한 이 질문들을 성급히 던지면서, 저는 믿음을 고백하고 있는 것 같습니다. 제가 마치 신념고백에 전념하고 있는 것처럼 말이죠. 어떤 이들은 제가 아마도 신념고백에 전념하면서 큰 소리로 꿈을 꾸고 있다고 말할 수도 있겠지요.

신념고백이 무엇인지 알고 있다고 가정하면서 우리는 이런 신념고백을 누가 책임질 것인지 자문해볼 수도 있습니다. 누가 그것에 서명하는 것일까요? 누가 그것을 공언하는 professer 것일까요? 누가 그 교수professeur가 될 수 있을지 제가 감히 묻지는 않겠습니다만, 어찌되었건 우리는 일종의 유산, 학술적 직업의 미래, 교수의 고백·공언의 미래, 거기서 파생된 권위의 원칙, 신념고백 사이의 일종의 근접성을 분석해봐야 합니다.

"professer(공언하다·가르치다·고백하다)"는 대체로 무엇을 의미하는 것일까요? 그리고 (직업상이건, 교수직이건, 또 그게 아니건) 노동이나 일이 무엇인지에 대한, 내일의 대학과 관련한, 대학에서 **인문학**과 관련한 이 질문 안에는, 어떤 관건이 아직도 숨어 있는 것일까요?

"professer"라는 라틴어 어원을 지닌 이 단어는(profítĕor, professus sum; pro et fátĕor[25]는 '말하다'를 의미하며 여기서 또한 우화와 일종의 "마치 ~인 것처럼"이 파생합니다), 영어에서처럼 프랑스어로 **공공연하게 선언하기, 공적으로 선언하기**를 의미합니다. 『옥스퍼드 영어사전』에 따르면 이 영어 단어에는 1300년 이전에는 오로지 종교적인 의미만 있었습니다. "어떤 직업을 꾸리다to make one's profession"는 이렇게 "어느 종단宗團에 들어가기 위해 서약을 하다to take the vows of some religious order"를 의미합니다. 교편을 잡는 자의 선언은 말하자면 일종의 **행위수행적** 선언인 것입니다. 이 선언은 선서한 믿음 행위에 의해, 맹세·증언·표명·증명이나 약속을 저당잡히는 것engager입니다. 단어에 있는 가장 강력한 의미에서의 **앙가주망engagement**입니다. professer(공언하다·가르치다·고백하다), 이 말은 자신의 책임을 약속하면서 '증거gage'를 제공하는 것입니다. "~을 직업으로 삼기, ~을 공언하기", 그것은 타인에게 이 선언을 말로 믿어줄 것을 요청하면서 자신이 무엇인지, 자신이 무엇을 믿고 있는지, 자신이 무엇이 되고 싶은지, 공공연하게 선언하는 일입니다. 제가 강조하고 싶은 것은 약속하면서 공언하는 이 선언의 행위수행적 가치입니다. 대학이나 다른 곳에서 진위진술적 발화들과 순수한 지知의 언술들은 엄밀한 의미에서 그 자체로는 직업·공언의 범주에 속하지 않는다는 사실을 강조해야 합니다. 이런 종류의 언술들은 필경 "일métier"(전문성·지식·노하우)에 속하며, 엄격히 말해 암묵적인 직업·공언에는 속하지 않습니다. 직업·공언의 언술은 항상, 그리고 어떤 식으로든, 자유로운 믿음 고백입니다. 다시 말해 그것은 책임의 앙가주망이라는 점에서 과학적이고 기술적인 순수한 앎을 초과합니다. professer, 이는 자신이 이러저러한 자라고 선언하고, 이를 **자처하고**, 약속하면서, 자신을 내어주는 일입니다.『투스쿨룸 대화』(제2권, 12)[26]에서 키케로가 우리에게 자신을 문법학자라고 공언하는 것Grammaticum se professus은 스스로를 문법의 대가, 문법학자라고 자처하는 것을 의미합니다. 그것은 반드시 이러저러한 자라는 이야기인 것만도, 심지어 유능한 전문가라고 이야기하는 것도 아닌, 자신이 그렇게 되겠다고 약속하고, 그렇게 될 것이라는 말로 자신을 내어주는 일입니다. 'Philosophiam profiteri'는 '철학을 공언하다·가르치다·고백하다'를 의미합니다. 단순히 철학자가 된다거나 철학을 적절한 방법으로 실천하고 가르친다는 것이 아니라, 공적 약속에 의해, 공적으로 헌신하는 일에, 철학에 전념하는 일에, 철학을 위해 증언하는 일에, 게다가 철학을 위해 싸우는 일에 자기 자신을 내어주는 일입니다. 여기서 중요한 것은 바로 이러한 약속, 책임을 지는 이 앙가주망입니다. 그것은 이론으로도 실천으로도 환원되지 않습니다. 우리가 공언하고-가르치고-고백하는 것, 가르치거나 실천하는 것의 내용·지^知·대상이 이론적이거나 진위진술적 질서 속에 머문다고 해도, 'professer(공언하다·가르치다·고백하다)'는 항상 행위수행적 발화행위로 이루어집니다. 공언하는 행위가 행위수행적 발화행위이기 때문에, 또한 행위수행적 발화라는 사건 내지 생산하는 사건이 오로지 이 언어적 약속에만 의존하기 때문에, 이 발화와 우화·소설·허구와의 근접성, "마치 ~인 것처럼"과의 근접성은 항상 강력할 것입니다.

공언하기와 노동하기 사이에는 어떤 관계가 있을까요? 대학에서는요? 인문학에서는요?

II

강의를 시작하자마자 첫 문장부터 저는 노동을 말했습니다. "마치 노동의 종말이 세계의 기원인 **것처럼**"이라고요.

노동travail은 무엇일까요? 노동은, 그것의 장소는 언제 어디서 생겨나는 것일까요? 시간이 부족한 탓에 그 의미에 대한 엄밀한 분석은 포기해야 할 것 같습니다. 여기서는 대학과 관계된 **두 가지 특징** 정도를 상기하도록 합시다. 노동은 단순히 행동이나 실천이 아닙니다. 우리는 노동하지 않으면서도 행동할 수 있습니다. 어떤 **프락시스**, 특히 어떤 이론적 실천이 **엄밀한 의미**의 노동을 이루는지는 확실하지 않습니다. 무엇보다도 누군가가 노동을 한다고 해서 **노동자**laborator

라는 명칭과 그 신분을 반드시 부여받는 것은 아닙니다. 행위자나 노동하는 주체, 수행자를 항상 **노동자**라고 부르는 것도 아닙니다. 이렇듯 이 말의 의미는 동사에서 명사로 이동하면서 변경되는 것 같습니다. 말하자면 일반적으로 노동하는 자의 노동이 항상 "노동자"의 수고스러운 일labeur을 의미하는 것은 아닙니다. 이렇듯 이러저러한 방식으로 대학에서 노동한다고 여겨지는 모든 사람(교원이나 행정직 혹은 관리자·연구자·학생) 중 일부, 특히 학생들을, 시장의 상품처럼 일 혹은 직업 활동에 대한 급여merces[27]를 정기적으로 지불받는 "노동자"라고 부르지는 않습니다. 장학금도 이 조건을 충족시키는 것은 아니죠. 학생이 아무리 열심히 공부한다고 해도 그가 노동자로 간주되는 것은 시장에 있다는 조건하에서, 그리고 그저 일련의 업무, 가령 미국에서는 강의 조교 같은 업무에 특별히 종사하고 있을 때뿐입니다. 순수하게, 그리고 그저 단순한 학생의 자격으로, 아무리 열심히 공부한다고 해도 학생은 **노동자**로 간주되지 않습니다. 다시 강조하겠지만, 모든 일métier이 직업profession은 아니며, 노동자란 시장에서 일 혹은 직업으로 간주되는 노동에 종사하는 자입니다. (여러분이 알다시피, 이 모든 사회적 의미는 최소한 중세 그리스도교 세계로 거슬러올라가는 사회적 이데올로기의 긴 역사에 뿌리를 두고 있습니다.) 따라서 우리는 노동자로 인정받지 못한 채 사회에서 많은 노동을 할 수도 있습니다.

또하나의 구별이 우리에게 점차 중요해질 텐데, 지금부터 제가 이 구별에 각별히 주의를 기울이는 이유는 이렇습니다. 말하자면 생산하는 활동이 아니라 생산물이라는 의미에서, 작품으로 인정되지 않아도, 이때 작품이란 작업시간 이후나 그 시간 너머로 남겨진다는 뜻을 갖는데, 이 노동 효과나 결과(작업에서 비롯된 **작품**opus)가 "노동"으로 인정되지 않더라도, 우리는 많은 노동을 할 수 있으며, 심지어 **노동자로**서 노동을 많이 할 수도 있습니다. 절대 없어서는 안 되고 가장 헌신적이지만 사회에서 좋은 대우를 가장 못 받고 눈에 가장 덜 띄는 노동자들(예를 들면 도시의 쓰레기를 처리하는 사람들, 항공교통을 통제하는 사람들, 좀더 일반적으로는 가상 현실적인 흔적밖에 안 남는 매개나 전송 업무를 맡은 사람들로서, 거대하며 눈부시게 증가하고 있는 이 분야의 노동자들)이 해낸 매우 고된 노동의 생산물을 감정하고 객관화하는 데 우리는 자주 곤란을 겪습니다. 이에 따라 노동을 하면서, 생산적으로 일하면서도 실질적이거나 현실적인 생산물들이 아니라 그저 가상적인 유령들을 야기하는 노동자들이 존재하게 됩니다. 그러나 노동이 현실적이거나 실감 가능한 생산물을 낳을 때는, 생산물들의 거대한 다양성과 그 주조 안에, 물질성이라든가 재생 가능한 이상성 또는 사용가치와 교환가치 등 모든 형식 안에, 또다른 근본적인 구별을 도입해야 합니다. 이런 노동활동으로 나온 어떤 생산물들은 객관화가 가능한 사용가치 혹은 교환가치로 간주되고, (제가 프랑스어로밖에 말할 수 없는 이 단어 즉) **작품**ᵒᵉᵘᵛʳᵉˢ의 자격은 없다고 여겨집니다. 다른 노동에는 **작품**이라는 이름을 부여할 수 있다고 여기지요. 자유노동 혹은 임금노동, 작가의 서명이나 권위, 시장과 작품이 맺는 관계와 그 전유 방식은, 여기서 제가 분석하지는 않겠지만 구조적으로나 역사적으로 엄청난 복잡성을 동반합니다. 정신에서 발생한 **작품**의 최초 사례는, 예술작품(시각·음악·언어 예술작품, 즉 회화·협주곡·시·소설)입니다. 그러나 이 수수께끼 같은 작품 개념을 검토하면서 대학, 특히 **인문학** 고유의 노동 형태를 식별해보려 하는 순간, 우리는 이 분야를 좀더 확장하지 않을 수 없습니다. 의심할 여지 없이 **인문학**에서, 우리는 작품들(언어예술이건 그렇지 않건, 문학적이건 아니건, 정전政典에 속하는 작품들이건 아니건, 예술작품들)을 특별히 다루고 논합니다. 하지만 원칙적으로 학문 전통에서 작품들을 다루는 방식은, 작품에 있는 자체의 지知가 아닌 지에 기대고 있습니다. 한창 변화중이긴 하지만, 전통적으로 공언하기-가르치기-고백하기professer나 교수 되기 être professeur는 알거나 가르치는 행위를 할 때 고갈되지 않겠다고 책임질 것을 전적으로 공언하면서, 다시 말해 약속하면서, 지知를 생산하고 가르치는 것이었습니다. 그러나 공언하는 법이나 지知를 공언하는 법, 지식을 낳는 법을 안다 해도, 우리가 의문시하는 고전적 근대적 전통에서 보면 이는 작품을 생산하는 일은 아니죠. 교사가 통상적 의미에서 작품에 서명하는 일을 하는 건 아니라는 겁니다. 교사 자신의 권위가 작품에 대한 작가의 권위는 아닌 거죠. 분명 수십 년 동안 비평과 창작, 읽기와 쓰기, 교사와 작가 등을 서로 구별할 수 있다고, 쓰기와 언어에서 이 양자를 구별하는 게 항상 가능하다고 믿는 사람들이 자주 분개하며 내보인 저항과 항의를 맞닥뜨리게 되면서 변화하고 있는 것도 바로 이것입니다. 진행형인 탈구축은 필경 이러한 변화와 무관하지 않을 것입니다. 이런 변화는 심지어 탈구축의 본질적인 현상이며, 탈구축을 비방하는 자들이 말하는 그 이상으로 복잡한 신호이며, 우리가 고찰하지 않으면 안 될 어떤 징후이기도 합니다. 이론상으로는 우리가 몇 가지 개념적인 구별이 지닌 규범적 상황을 참조하고, 행위수행적인 것들과 진위진술적인 것들 사이에 널리 받아들여진 대대적인 구별을 신뢰한다면, 우리는 여기서 다음과 같은 제안들을 이끌어낼 수 있을 것입니다.

1. 모든 노동(노동 일반이나 노동자의 노동)이 반드시 **행위수행적인 것**은 아닙니다. 즉 모든 노동이 사건을 생산하는 것

은 아닙니다. 노동이 사건을 만들어내지는 않으며, 혼자 그 자체로 사건인 것도 아닙니다. 노동은, 그것이 비록 생산적일지라도, 작품이건 아니건, 이후에 생산물을 남긴다 해도, 나타난 사건에 존재하는 것은 아니기 때문입니다.

2. 모든 행위수행적인 것은 무언가를 생산하고 반드시 사건을 일으키지만, 행위수행적인 것이 그렇게 해서 **만들어내는 것과 그렇게 해서 일으키는** 것이 반드시 작품인 것은 아닙니다. 모든 행위수행적인 것은 협약들이나 협약적 허구fiction의 총체, "마치 ~인 것처럼"의 총체, 제도적 공동체가 기초하고 합의하는 이 총체들에 의해 항상 권위를 부여받아야 합니다.

3. 전통적으로 정의하자면 지금 대학이란, 현재 그 자체로 동일시되는 장소(사이버공간의 장소 대체 가능성을 제한하면서 토지에 뿌리를 둔 대체할 수 없는 지역), 지知를 생산하고 가르치기만 하는 장소, 다시 말해 비록 이 지知의 대상들이 간혹 철학적 윤리적 정치적 규범적 지도적 가치론적 성질을 지닌다 하더라도, 또한 더욱 골치 아픈 방식으로 말하자면 비록 이 지知의 대상들이 "마치 ~인 것처럼"의 기묘한 양태(시·소설·예술작품 일반은 물론이거니와, 행위수행적 언표—예

를 들어 법률적이거나 입헌적 유형의 언표—구조 속에 존재하는 것의 사실적 진위적 기술에 속하지 않고, 가정되고 확립된 협약의 자격을 부여받은 "마치 ~인 것처럼"에서 출발하여 사건을 생산하는 모든 것)에 복종하는 허구의 구조라고 하더라도, 원리상 행위수행적이 아니라 이론적이고 진위진술적 발화형태를 한 지식의 생산과 교육만 하는 장소입니다. 통상의 정의에 적합한 고전적인 대학에서 사람들은 연구를, 제가 앞서 열거한, 더 나아가서는 **인문학**의 대상인 규범적 지도적 행위수행적 허구적 가능성들에 대한 지^知를 실천합니다. 하지만 이런 연구, 이런 지^知, 이런 교육, 이런 **교리**는 이론적이거나 진위진술적인 질서에 속할 것입니다. 교리를 **가르치고-공언하고-고백하는** 행위는 행위수행적 행위일 수 있으나, **학설·교리**는 그렇지 않습니다. 이것이 바로, 변증법이 아닌 방식으로 잘 보존해야 하고 **동시에** 변화시켜야 한다고 말씀드릴 일종의 경계긋기^{limitation}입니다.

A. 한편으로 우리는 이 경계긋기를 재확인해야 하는데, 이것이 바로 어느 정도 중립적 이론주의가 우리가 언급하고 있는 무조건성, 원칙적으로 우리 모두 대학에서 지지하고 또 지지를 선언할 비판적이며 비판적인 것 이상인 (탈구축적인) 무조건성의 기회이기 때문입니다.

B. 다른 한편으로 우리는 이 경계긋기를 재확인하면서 변화시켜야 합니다. 이 무조건적 이론주의는 그 자체로 행위수행적 믿음고백, 신념, 결단, 공교육, 정치-윤리적 책임 등을 항상 전제할 것이라고 인정받고 공언받아야 하니까요. 바로 여기에 대학의 무조건적인 저항의 원리가 자리합니다. 대학의 고전적인 자가규정의 관점에서 볼 때, 대학 안에 비이론적인 노동을 위한 자리, 행위수행적 유형의 언술들을 위한 자리, 한층 더 나아가 오늘날 인문학의 어떤 장소에서 **작품들**이라고 불릴 무언가를 **오늘** 생성해내는 독특한 행위수행적 행위를 위한 자리, 이런 본질이고 내재적이고 고유한 자리가 없다고 말할 수도 있습니다. 방금 제가 환기한 고전적인 자가규정과 자가규제는 인문학에 앞서 마련된 학문적 공간을 일찌감치 특징지어왔습니다. 생산되고 교육된 지식들의 **내용·대상·주제**가 철학적 도덕적 정치적 역사적 언어학적 미학적 인류학적 문화적 성질을 띠는 곳에서까지, 즉 평가라든가 규범성이라든가 지도적 경험이 인정되고 그것들이 필수 구성요소일 때도 있는, 구조적인 영역들에서까지 말입니다. 고전적인 전통에서 **인문학**은, 그것이 예술작품이건 그렇지 않건, 서명된 작품들의 생성 없이도, 지知의 영역을, 때로는 지의 생산영역을 규정합니다.

전통적인 인문학에 부여된 이 고전적 한계들을 명확히 하고자 저는 한번 더 칸트를 언급하겠습니다. 이 한계는 전통적인 인문학의 필요성을 증명하려는 사람들이 부여한 것이기도 합니다. 칸트는 이 한계에서 예술의 실천이 아니라, 오히려 미술에서의 "예비학"을 먼저 봅니다. **예비학**propädeutik 은 칸트의 용어입니다. 『판단력비판』(60절)은 이 교육적 준비, 예술로의 단순한 입문이, "지시규정Vorschriften"을 동반하지 않는 지知(**존재해야만 하는 것**에 대한 지가 아니라, **존재하는 것에 관한 지**)의 질서 차원에서 될 것이라는 점을 명확히 밝힙니다.[28] 인문학Humaniora은 지시하지도 규정하지도 않으면서 준비해야 합니다. 인문학은 오로지 지식들, 더구나 예비지식Vorkenntnisse으로 남겨질 지식들만을 제안합니다.[29] 이 텍스트에서 칸트는 인문학이라는 말의 길고도 켜켜이 쌓인 역사에 관해 고찰하면서 인간성(인류)의 공통감각allgemeinen Menschensinn의 취미를 드러내는, 인간들의 합법적 소통과 사회성을 선호하는 연구만을 해독하고 있습니다. 따라서 여기에는 이론주의가 자리하며, 마찬가지로 진위진술적 언술과 "지知"라는 형식에 특권을 부여하는 칸트적인 휴머니즘이 자리합니다. 인문학은 과학이고 또 과학이어야 합니다. 다른 곳 「모크로스」*에서 저는 『학부들의 논쟁』에서 활용된 논리에 경의를 표하면서, 이 주제에 대해 제가 유보하고 있는 것들을 언급하려 한 바 있습니다. 이 이론주의는 교수가 작품들 내지 지시규정적이거나 행위수행적 언표들 일반을 생산할 가능성까지 제한하거나 금지합니다. 그러나 칸트에게 외부의 모든 권력, 특히 국가권력이 철학부에 영향력을 미치지 않게 해주고, 진실을 말하게 해주고, 진실이라는 주제에 관해 비판하고 결론을 이끌어내는 무조건적 자유를 철학부에 보장해주는 것 역시 바로 이 이론주의입니다. 대학 **내부**에서 하는 것이라면 말이지요. 이 최후의 경계긋기(자신이 진실이라고 생각하는 모든 것, 자신이 말해야 한다고 생각하는 것을 오로지 대학 안에서 **공적으로** 말하는 것), 저는 이것이 사실 차원에서나 권리 차원에서나, 용인되거나 존중할 만한 것은 전혀 아니었다고 생각합니다. 국민국가의 경계 너머의 공적인, 세계적으로 공적인 사이버 공간에서 진행중인 변화는, 이 경계긋기를 그 어느 때보다 더 낡아빠지고 상상적인 것으로 만들어버리는 것처럼 보입니다.

그렇지만 저는 이 학술적 유형의 공간이 일종의 절대적 면역·면책특권[30]에 의해, **마치 그 내부는 침범할 수 없는 것처럼**, 상징적으로 보호되어야 한다는 생각을 지지합니다. 이 학술적 (생물학적인 면역, 외교특권, 국회의원의 면책특권과

---

* *Du droit à la philosophie*, 같은 곳.

같은 의미에서) 면역에 의한 보호가 결코 순수한 것이 아니라 해도, 면역이 '자가면역'이라는 위험한 과정으로 전개될 수 있다고 해도, 그리고 특히 면역이—유토피아적인 불간섭을 결여한 채—우리가 대학 외부에 우리 자신을 추천하는 것을 방해하면 안 된다고 해도, 저는 우리가 이러한 생각을 다시 긍정하고(이것이야 말로 제가 여러분에게 추천하고 여러분의 판단에 맡길 저의 신념고백**과도 같은 것입니다**), 그 생각을 선언하고, 그 생각을 끊임없이 공언해야 한다고 믿습니다. 우리는 대학, 특히 **인문학**의 이런 자유나 면역·면책특권을, 온 힘을 다해 약속하면서 또한 요구해야 합니다. 말이나 선언하는 방법뿐만 아니라 노동·연구에서, 행위에 의해, 사건들에 의해, 우리가 일으키는 것에서 그렇게 해야 합니다.

이와 같은 예비적인 주의사항들과 고전적인 정의의 지평에서 예상되는 몇 가지 물음은 이렇습니다. 일단 이 물음들에는 최소한 **두 가지 형태**가 있으나, 우리는 이 물음들이 도중에 변형되거나 더 구체화되는 것을 보게 될 것입니다.

1. 첫째, 만약 실제 상황이 이렇다고 한다면, 만약 고전적이고 근대적인 학술적 전통(19세기 모델까지)에서 규범적이고 지도적인 행위수행성은, 더구나 작품 생산은, 대학 연구의 장과는, 나아가 **인문학**, 인문학 교육과는, 즉 엄밀하게 말

하자면 전문 과목이나 학설Lehre로서의 인문학 이론이나 정리들과는 무관한 것으로 남겨질 수밖에 없는데, 그럴 경우 '공언하기·가르치기·고백하기'를 뜻하는 동사 "professer"는 과연 무엇을 의미할까요? 일과 직업 사이에는 어떤 차이가 있는 것일까요? 그리고 모든 직업과 교수라는 직업 사이에는 어떤 차이가 있을까요? 일·직업·교수라는 직업에 주어지는 권위의 유형들 사이에는 또 어떤 차이가 있을까요?

2. 둘째, 이 고전적-근대적 대학에, **인문학**에 무언가가 일어났나요? 정의들을 전복할 무슨 일이 일어나고 있거나 일어날 거라고 약속하고 있나요? 이런 변화가 대학의 본질을 변형시키니까, 대학에서 **인문학**의 미래를 변형시키니까, 격한 지진을 통해 일어난 이것이 정의에 합치하진 않으나 그 정의만큼은 명백하고 이론의 여지가 없음을 보여주니까 하는 말입니다. 여기서 "교수에게 '공언하기·가르치기·고백하기'는 무엇을 의미하는가?"라는 질문은 여전히 진행중이거나 앞으로 일어날 지진의 **단층선**을 형성하게 될 것입니다. "직업"의 행위수행적 가치를 고려하고 더 나아가 교수가 지식이며 사전지식만이 아닌 "작품들"을 생산한다고 인정하게 되면, 과연 무슨 일이 벌어질까요?

공언행위, 교사의 공언행위, 인문학 교사의 공언행위라는

특수한 행위수행적 행동의 유형을 정의하기 위해 **행동하기·
실행하기·생산하기·노동하기, 노동 일반과 노동자의 노동** 사이
의 구분 분석을 우리는 계속 추구해나가야 합니다.

시간이 없습니다만 한번 더, 기술·예술과 자연, **테크네
와 피지스** 사이, 말하자면 한편으로 실행하기$^{tun \cdot facere31}$와 다
른 한편으로 행동하기^{handeln32} 및 수행하기^{wirken33} 그 일반
사이의 구별, 혹은 한편으로 작품$^{werk \cdot opus34}$으로서의 산물
^{Produkt35}과 다른 한편으로 작용$_{wirkung \cdot effectus36}$ 사이에 대해
칸트가 행한 몇몇 개념적인 구분을 떠올리고 논의해봐야 합
니다.[*37] 같은 절에서, 칸트는 기술·예술과 학문, 기술과 수
공^{Handwerke},[38] 자유로운 기술·예술^{freie39}과 보수를 받는 기술
·예술$_{Lohnkunst}$을 구분합니다.[40] 잠시 제가 사용한 모호한 표
현, **노동의 종말·목적**$^{la fin du travail}$으로 되돌아가보기로 하지
요. 이 표현은 **노동**이라 이름 붙여진 활동의 정지, 죽음, 종
말을 가리키고 있는지도 모릅니다. 다른 한편, 노동의 합목
적성·목적·생산물이나 작품을 가리킬 수도 있습니다. 우리
가 말하는 모든 행위, 모든 활동이 노동인 것은 아닙니다. 노
동·활동성·생산성, 이 세 가지 개념은 서로 혼동되기도 하고
때로 연결되지만, 노동은 행위의 활동성으로, 생산의 생산성

* *Kririk der Urtheilskraft*, § 43; "Economimesis", *Mimesis des articulations*,
59쪽 참조.

으로 환원되지 않습니다. 오늘날 우리는 생산 증가가 노동의 소멸에 상응할 수 있다는 사실을 그 어느 때보다 더 잘 알고 있습니다. 노동의 가상현실화는 줄곧, 그리고 그 어느 때보다 더 생산과 노동의 이 불균형을 끝없이 복잡하게 만들 수 있습니다. 또한 노동이 아닌 활동들도, 심지어 생산적인 활동들도 존재합니다. 우리가 **노동**이라고 부르는 경험은 또한 어떤 정서의 수동성을 의미하기도 하는 것입니다. 그것은 때로 고통이고 징벌의 고문이기조차 합니다. **노동**이란 고문도구, 즉 **트리팔리움**이 아니었던가요?[41] 여기에서 제가 징벌과 속죄의 저 고통스러운 형상을 강조하는 것은 그저 성서의 유산("얼굴에 땀을 흘려야 먹을 것을 먹으리니"[42])의 정당성을 인정하기 위해서가 아닙니다. 칸트는 계속해서 이 노동에 의한 속죄 차원에서 성서의 전통을 초월하는 보편적 특징을 봅니다.[*43] 제가 노동에 의한 속죄라는 해석을 강조하는 것은, 오늘 제가 같은 질문 안에 모아보려 한 두 현상을 **연결하기** 위해 또는 **함께** 질문하기 위해서입니다. 질문은 이렇습니다. 왜 우리는 회개하며 속죄의 장면들이 세상의 도처에서 늘어나는 것을(오늘날 고백의 연극적인 세계화 장면들을 수없이 떠올릴

---

* *La Religion dans les limites de la simple raison*(Deuxième partie, Première Section, C. "Des difficultés concernant la réalité de cette idée et de leur solution", note 3).

수 있습니다), 또다른 한편 노동의 종말에 관한 온갖 유형의 담론들이 급속히 증식하는 사태를 보게 되는 걸까요?

노동은 살아 있는 몸을 전제하고, 구속하고, 위치시킵니다. 노동이 "비육체적 지적 가상현실적"이라고 말해지는 곳에서조차 노동은 살아 있는 몸에 항구적이고 확인 가능한 장소를 부여합니다. 노동은 따라서 생산적인 활동만큼이나 수동성의 영역, 수고·수난passion을 전제합니다. 다른 한편으로 우리는 사회의 노동 일반, 일, 직업 또한 구별해야 합니다. 모든 노동이 일의 단위나 법규상 인정받는 전문능력의 통일성에 따라 조직되는 것은 아닙니다. "일"에 관하여 말하자면, "일"이라는 것은 합법적인 여러 제도나 동업조합에 따라 이 명칭 아래 모일 때조차 우리 언어에서는 "일" 그 전부를 직업으로 부르지도 않거니와 그것이 용이하지도 않습니다. 적어도 라틴어의 기억을 간직하고 있는 언어들에서는 말입니다. 불가능한 것은 아니라고 해도, 계절 농장 노동자, 사제 또는 권투선수라는 직업에 대해 말하는 것은 쉽지 않을 텐데, 이는 그들의 수완(노하우), 그들의 전문능력, 그들의 활동이 세속 사회에 의해 원칙적으로 인정된 사회적 책임이나 영속성을 전제로 하고 있는 게 아니니까요. 어떤 임무를 완수하고자 자유의지로 서약하는 직업에 종사하는 이에게 세속 사회는 그렇다는 거지요. 따라서 우리는 마치 자유롭고 보수를 받지 않는 기술·예술에 더 깊이 연관된 직업이, 대개 선서하에 자유롭게 선언한 것을, 한마디로 **공언된 바**를, 어떤 책임을 위해 참여하는 것을 전제로 삼고 있는 것처럼, 또한 특히 의사·변호사·교사의 직업에 대해서는 좀더 용이하게 말해볼 수 있지요. "공언하다·가르치다·고백하다"라는 말에서 제가 강조하려는 것은 직업이나 교사의 권위, 전제된 전문능력, 확신보다는, 다시 말하지만 지키겠다는 약속, 그 책임을 선언하는 것이란 점입니다. 시간이 부족하므로, 격동하는 현재 상황으로 이어지는 "직업"이나 "전문화"의 오랜 역사는 유보할 수밖에 없겠습니다. 하지만 이와 관련된 본질적인 특징 하나를 기억해두기로 합시다. 직업이라는 개념은 지知, 수완(노하우), 전문능력을 넘어서, 증언적 앙가주망, 자유, 선서된 책임, 서약된 믿음이, 아직 정의되지 않은 어떤 법정 앞에서 주체가 해명하도록 강제한다는 사실을 가정한다는 거지요. 마지막으로 말하건대, 직업에 종사하는 모든 사람이 교사인 것은 아닙니다. 따라서 노동·활동·생산·일·직업·교사를, 지知를 나누어주거나 학설을 가르치는 교사와 작품들을, 그 자체로 서명할 수 있는—필경 서명을 벌써 하고 있거나 내일 서명할—교사를, 구분해서 고찰해야 할 것입니다.

III

우리는 서두에서 마치 노동의 종말이 세계의 기원이라도
되는 **것처럼** 말했습니다.

"마치 ~인 것처럼"이라고 한번 말해봅시다. 마치 세계가
노동이 끝나는 데서 시작하기라도 하는 **것처럼**, 마치 세계
의 세계화la mondialisation du monde가(저는 the worldisation, the
worldwidisation of the world, 단적으로 앵글로색슨 문화권
에서 globalization, 독일어로는 Globalisierung이라고 불리
는 것을 프랑스어로 이렇게 부릅니다) 우리가 노동이라고 부
르는 것의 소멸을 그 지평이자 기원으로 삼기라도 하는 것
처럼, 이라고요. 수많은 의미와 역사가 가혹할 정도로 실려

있는 이 오래된 낱말 "노동travail"(영어로는 work·labor, 독일어로는 Arbeit·Werk)은 활동이라는 의미만 있는 것도 아니고 활동이라는 의미에만 한정되지도 않습니다. 노동은 현재적 활동을 가리킵니다. '현재적'이라는 말에서, '가상현실적'이 아닌 '실제적' '유효한'(정확히 영어로는 actual, 독일어로는 wirklich)이란 뜻을 이해해봅시다. 이 실제적 유효성은 노동을, 우리가 일반적으로 사건에 대해 생각하는 무엇과 연결시켜주는 것으로 보입니다. 우리는 일어나는 것, 발생하는 것 일반이 가상현실적인 것일 수 없다고 여겨왔습니다. 다시 언급하겠지만 바로 여기서 사안들이 확연히 복잡해지고 맙니다.

"마치 ~인 것처럼"으로 시작하거나 시작하는 척하면서, 우리가 가능한 저 미래의 허구에 입회하는 것도, 역사적이거나 신화적인 과거의 부활에 들어서는 것도 아니며, 계시된 기원의 부활에 입회하는 것은 더더욱 아닙니다. 이 "마치 ~인 것처럼"의 수사는 도래할 유토피아에 관련된 공상과학소설(성 아우구스티누스의 『신국론』에서처럼, 밤이 없는 안식일 이후 영원한 안식일의 휴식이 이어지는 "끝없는 끝에in fine sine fine" 있는 노동 없는 세계[44])에 속하는 것도 아니고, 남자는 노역이나 경작을 하고 여자는 분만의 노동을 하느라 그런 것도 아닌 노동의 땀이 아직 흐르기 시작한 적도 없던, 죄를 짓기 이전 창세기 순간의 황금시대나 지상낙원을 향한 노스탤지어의 시학에 속하는 것도 아닙니다. "마치 ~인 것처럼"에 대한 두 가지 해석, 즉 공상과학소설이나 기억할 수 없는 것에 대한 기억이라는 해석에서는, 마치 세계의 시작이 실제로 노동을 근원적으로 배제하고 있는 것처럼 보입니다. 다시 말해 노동은 아직 존재하지 않았을 것이거나 이미 존재하지 않을 것입니다. 세계라는 개념과 노동이라는 개념 사이에 마치 근원적인 조화는 없었다는 것처럼 말이죠. 그러니까 정해진 합의도, 가능한 일치도 없었다는 것처럼 말이죠. 원죄가 노동을 세계로 끌고 왔을 테지요. 아마도 노동의 종말이 속죄의 최종 국면을 예고할 것입니다.

"마치 ~인 것처럼"이라는 이 명제의 논리적 골조는, 세계와 노동은 공존할 수 없다는 것입니다. 상식적인 차원에서 볼 때 노동 없는 세계 또는 세계에 있지 않거나 세계 안에 있지 않은 노동을 상상하기 어려운데도 우리는 세계 혹은 노동 사이에서 선택을 해야 하는 것이지요. 그리스적 세계, 즉 코스모스라는 그리스적 개념의 바울적 전환은, 서로 연관된 수많은 의미 가운데에서 속죄를 위한 노동을 소환하여, 그리스도교 세계에 도입하였습니다.[45]

방금 저는 노동 개념이 의미·역사·모호함을 지니고 있으며, 이 개념을 선과 악의 피안에서 생각하기란 어렵다는 사실을 환기한 바 있습니다. 왜냐하면 노동 개념은 항상 존엄·생명·생산·역사·선·자유와 언제나 결부되어온 만큼, 이 개념에는 악·고통·수고·죄·징벌·예속의 의미가 빈번히 내포되어 있으니까요. 일하는 자는 고통스러우며, 이 고통은 (정신적인) 고통만이 아니라 형벌의 고통일 수도 있습니다. 세계라는 개념은 유럽·그리스·유대·그리스도교·이슬람 역사에서, 과학·철학·신앙 사이에서, 세계를 대지나 인간의 땅이나 이승과 함부로 일치시키건, 코스모스·우주 등으로까지 확장시켜 저승의 저 천상세계와 일치시키건, 그 모호함이 덜한 것은 아닙니다. 성공했든 아니든 하이데거의 계획은,『존재와 시간』이후 세계와 세계-내-존재 개념을 그리스적이거나 그리스도교적인 여러 전제에서 벗어나게 하는 데 있었을 겁니다. 사전의 신중한 분석 없이 세계라는 말을 신뢰하기는 어려우며, 특히 한편으로 활동·능동성 즉 기술의 **실행하기**나 활동성 측면에서, 다른 한편으로 수동성·정동·고통·징벌·수난의 측면에서 제 개념을 빚어내는 노동과 더불어, 또는 노동과 별개로 세계를 사유하려 할 때는, 이 말을 신뢰하기 힘들죠. 바로 여기서 서두의 "마치 ～인 것처럼" 즉 **마치** 세계가 노동이 끝나는 데서 시작하는 **것처럼**을 이해하는 데 난점이 생깁니다. 한번 더 말하지만 이 말을 프랑스어로 그냥 두기로 합시다. '세계화'를 의미하는 프랑스어 몽디알리자시옹

mondialisation은 영어 글로벌리제이션globalization이나 독일어 글로발리지어룽Globalisierung과는 달리, 의미의 무거운 역사, 특히 그리스도교적 역사를 짊어진 세계가 담긴 가치를 참조할 것을 강조합니다. 방금 말했듯 세계는 우주도, 지구도나 지구라는 천체도, **코스모스도** 아닙니다.

그렇습니다. 이 "마치 ~인 것처럼"은, 공상과학소설 속 유토피아나 일어날 법하지 않은 미래를 향해서도, 그때in illo tempore[46]의 신화적이거나 기억할 수 없는 과거의 꿈을 향해서도 신호를 보내지 않습니다. "마치 ~인 것처럼"은 지금 오늘의 두 가지 공통된 논지를 시험해보고자 고찰합니다. 이 두 가지 논지는, 한편으로 노동의 종말이 자주 언급되고 있다는 점, 또다른 한편으로는 세계의 세계화, 세계의 세계적-되기 역시 자주 언급되고 있다는 점입니다. 게다가 이 둘은 항상 연관되어 있습니다. 여러분께서 이미 알아채셨을 수도 있겠습니다만, 저는 "노동의 종말"이라는 표현을, 이제는 널리 알려진 제러미 리프킨의 책제목『노동의 종말: 글로벌 노동력 감소와 포스트마켓시대의 도래』*에서 빌려왔습니다.

* Jeremy Rifkin, *The End of Work: the Decline of the Global labor Force and the Dawn of the Post—Market Era*, New York, G. P. Putnam's Sons, 1995; *La fin du travail*, tr. Pierre Rouve, Préface de Michel Rocard, La Découverte, 1997; 제러미 리프킨, 『노동의 종말』, 이영호 옮김, 민음사, 1996.

이 책은 리프킨이 "제3차 산업혁명"이라고 부르는 것의 효과를 중심으로 제법 널리 유포된 일종의 억견doxa을 모은 것입니다. "새로운 정보통신기술이 문명을 자유롭게 하고 불안정하게 만들 잠재력"을 얻게 될 때, 이 혁명은 "선과 악을 위한 강력한 힘"*[47]에 봉사할 수 있을 것이라는 이야기지요.

저는 리프킨이 말한 대로 정말로 우리가 "세계 역사의 새로운 단계"로 접어들었는지는 모르겠습니다. 그는 "지구상의 인구를 위한 상품과 서비스를 생산하는 데 필요한 노동자는 점점 줄어들 것이다"[48]라고 말합니다. 그러면서 "『노동의 종말』은 노동자가 거의 없는 세계의 가장자리로 우리를 몰아가는 기술혁신과 시장지향적인 힘을 고찰한 것"†[49]이라고 덧붙입니다.

대학의 관점에서 볼 때, 과연 이러한 상황이 어떤 결과를 초래할까요. 이런 명제들이 글자 그대로 "사실"인지 알아보려면 이 낱말들(가령 종말·역사·세계·노동·생산·재산 등등)이 지닌 각각의 의미를 이해해야 합니다. 지금 제게는 이 책을, 이 책의 중대하고 막대한 문제의식을, 특히 이 책에서 논의하고 있는 세계나 노동 개념을 검토할 방법도, 시간도, 그럴 마음도 없습니다. 리프킨 같은 유의 언술이 지닌 전제와

* *La fin du travail*, 16쪽. 서문의 마지막 부분.
† 같은 책, 14쪽.

결론을 채택하건 그렇지 않건, 우리가 "노동" "원격노동" "가상현실적 노동"이라 부르는 것에는 물론 "세계"라고 부르는 것—그리고 지금까지 인간이라 불러오던 것의 세계-내-존재에—적어도 무언가 중대한 것이 실제로 일어난다는 것, 일어나는 중이거나 일어나는 지점에 당도해 있다는 사실을 우리는 인정할 수밖에 없습니다(바로 이것이 제 출발점을 이루는 최소한의 합의입니다). 우리는 마찬가지로 이것이 상당 부분 과학기술의 변화에 의존한다는 사실을 인정하지 않을 수 없습니다. 이런 변화는 사이버 세계에서, 인터넷·이메일·휴대전화 세계에서, 원격노동과 노동의 가상현실화에 영향을 미치는 동시에 지의 소통에도 영향을 미치며, 또 이와 동시에 모든 공동체화, 모든 "공동체"에도, 장소의 경험, 장소-갖기의 경험, 사건의 경험, 작품의 경험, 다시 말해 일어나는 일의 경험에도 영향을 미칩니다.

앞서 말했던 이 문제적인 "노동의 종말"이 마르크스나 레닌의 텍스트에 전혀 등장하지 않았던 것은 아닙니다. 레닌은 노동 일수의 점진적인 감소를 국가의 완전한 사멸 과정에 결부시킨 바 있습니다.[50] 리프킨, 그는 현재 진행중인 제3차 기술혁명에서 일어나는 절대적인 변화를 목도합니다. 이보

---

* *L'État et la Révolution*, Scandéditions-Éditions Sociales, 1984, 175쪽.

다 앞선 두 혁명은 노동의 역사에 근본적인 영향을 미치지는 않았습니다. 우선 (19세기에는) 증기·석탄·철강·섬유 혁명이 있었고, 그다음으로 (20세기에는) 전기·석유·자동차 혁명이 있었습니다. 이 두 혁명은 기계가 침투하지 않은 분야를 그때마다 이끌어냈습니다. 기계화되지 않고 기계로 보완되지 않을, 인간의 노동이 여전히 이용 가능한 상태로 우리에게 남아 있던 것이죠.

이 두 차례의 기술혁명 이후 우리의 혁명, 즉 제3차혁명, 사이버스페이스 혁명, 마이크로컴퓨터 사용과 로봇공학 혁명이 찾아옵니다. 이 혁명에는 실업자에게 일자리를 마련해주는 제4의 영역이 없는 것처럼 보입니다. 포화상태에 달한 기계화는 노동자의 종말을, 그러니까 일종의 노동의 종말을 알리고 있다고 할까요. 이는 에른스트 윙거가 지적했다시피 노동자Der Arbeider의 종말, 그리고 이 노동자 시대의 종말입니다.[51] 그런데『노동의 종말』은 진행중인 이 변화에서 교육자들, 더 일반적으로는 리프킨이 "지식 부문"이라고 부르는 무언가에 각별한 자리를 만들어줍니다. 과거에 이러저러한 분야에서 신기술이 노동자를 대체할 때, 자기 일을 잃은 노동자들을 흡수하기 위해 새로운 공간이 출현하곤 했습니다. 그러나 농업·산업·서비스업이 기술 발전을 이유 삼아 수백만 명을 해고해 실업자로 만드는 오늘날에도 피해를 받지 않는 유일한 부문은 "기업가·과학자·기술자·컴퓨터프로그래머·전문교육자·컨설턴트 등 소수 엘리트들"*로 구성된 "지식" 부문입니다. 하지만 이 부문은 여전히 협소한 공간이어서 대량의 실업자를 흡수하기란 불가능하지요. 이것이 바로 우리 시대의 위험한 특이성일 것입니다. 리프킨은 **인문학**에서 실업 상태에 있는 교육자들이나 교수 지망자들에 대해서는 특별히 언급하지 않습니다. 대학에서 소외된 수많은 저임금의 파트타임 피고용자들이 느끼는, 우리가 유연성이나 경쟁성이라고 칭하는 것과 더불어 점점 더 커지고 있는 소외화에 대해서는 아무런 주의를 기울이지 않지요.

저는 여기서, 이러한 담론에 가할 일반론 수준의 반론도, 앞서 말한 "노동의 종말"이나 "세계화"라는 주제와 관련한 반론도 다루지 않겠습니다. 밀접한 관계에 있는 이 두 가지 사례("노동의 종말"과 "세계화")를 만약 제가 정면에서 마주하여 다루어야 했다면, 저는 한편으로는 이 개념들 아래 기록될 다수의 현상을, 다른 한편으로는 개념을 누락한 채 사용하는 이 말들의 용법을 예비적인 방식으로 구별하려 했을 겁니다. 그 누구도 부정하지 않을 테지만, 실제로 금세기 노동, 현실, 노동 개념—활동적 노동 혹은 현재적 노동—에 확실히 무

---

* "Introduction", *La Fin du travail*, 15쪽(제러미 리프킨, 같은 책, 49쪽).

언가가 일어납니다. 이 노동에 일어난 것은 원격노동을 세계적으로 확대하는 가상현실화와 탈편중화를 동반한 과학기술의 효과입니다. 이 일은 노동자의 육체가 같은 장소에 한정된 실시간 노동으로서의 그 노동시간이 징후도 없이 감소하고 있는 경향을 도드라지게 합니다. 이 모든 것이 국경에, 국민국가의 관계적 다공성多孔性에, 가상현실적 교류에, 정보의 속도와 확산이라는 새로운 경험 속에서 우리가 받아들이고 이어가는 고전적 형태의 노동에 영향을 끼치고 있습니다. 이와 같은 진화는 일종의 세계화를 향해 나아가고 있습니다. 세계화는 의심할 여지가 없는 것이며, 충분히 알려져 있습니다.

그러나 이 현상을 나타내는 징후들은 전개 면에서 부분적이고 이질적이며 불균등하게 남겨져, 새로운 개념들에 대한 분명하고도 섬세한 분석을 요구합니다. 다른 한편으로, 이 명백한 징후들과 억견 사용법 사이에 간극이 존재하며, 어떤 이들은 "노동의 종말"과 "세계화"라는 낱말이 이데올로기 남발이나 빈번히 혼란을 유발하는 수사적 자기만족에 내맡겨진다고 지적하기도 하겠죠. 저는 이 간극을 쉽사리 건너뛰려 하지 않을 것이며, 더욱이 이 간극을 망각하는 자들을 엄격하게 비판해야 한다고 생각합니다. 이런 사람들이 세계의 변두리·주민·민족·집단·계급이나 개인을—"노동의 종말"과 "세계화"라고 불리는 운동에서 대량으로 배제된 희생자들이

거나 희생물들인 바로 이들을—망각하도록 하니까요. 이들
은 자신에게 필요한 일을 하지 못해서, 혹은 급여로 교환받
고자 몹시 가혹하고 불평등한 세계시장에서 과도하게 노동
하고 있으니 말입니다. 이러한 자본주의의 (자본이 현실적인
것과 가상현실적인 것 사이에서 근본적인 역할을 하는) 상황은
인류의 역사에 단 한 번도 없었던 압도적인 수치를 나타낼
정도로 비극적입니다. "일"과 자주 제기되는 "일 없음"이 세
계화하거나 세계화되어 인류가 동질성에서 이렇게 멀어졌던
적은 아마 없었을 것입니다. 인류 대다수는 "일 없는" 즉 일
을 원하지만 더이상 일이 없는 상태에 있습니다. 나머지 인
류는 일이 너무 많아 일을 줄이고 싶어하는 것은 물론, 노동
시장에서 형편없는 보수를 받으면서 일하고 있습니다.

이와 같은 역사는 오래전에 시작되었습니다. 이 역사는
"일métier"과 "직업profession"의 실제 역사 및 그 의미의 역사와
얽혀 있습니다. 리프킨은 아우구스티누스의 『신국론』에서
취한 안식일이나 일요일의 의미가 아닌 "노동의 종말"이 열
어보일 수 있을 비극을 날카롭게 의식하고 있습니다. 하지만
도덕적이고 정치적으로 마무리되는 결론 부분에서, 리프킨
은 "수평선에서 소용돌이치는 기술의 폭풍우"[52] 앞에서, "세
계시장과 자동화생산의 새로운 시대"[53] 앞에서, 짊어질 수밖
에 없는 책임감을 정의하면서, "박애" "기계로 쉽게 환원되

거나 대체될 수 없는 특성"[54] "기계로 접근할 수 없는" 덕성, "새로워진 삶의 의미와 목적"[55] 제3부문의 "부활" "인간 정신의 재탄생"[56]이라는 그리스교도적 언어로 돌아오는데, 저는 이것이 우연이라고는 여기지 않으며, 검토 없이 받아들일 수도 없다고 생각합니다. 리프킨은 "자원봉사 노동에 대한 그림자 임금의 제공"[57] "하이테크시대의 제품과 서비스에 부과되는(제3부문[58]에서 봉사를 수행하는 빈곤층의 사회적 임금에 독점적으로 사용되는)"[59] 부가가치세처럼, 심지어 '자비'의 새로운 형태들까지 고찰하고 있습니다.[*]

시간을 헤아리지 않아도 된다면, 저는 자크 르 고프의 작업에서 자주 영감받은 노동시간을 다시 한번 강조하고 싶습니다. 『또하나의 중세』의 「시간과 노동」이라는 장에서 그는 14세기에 노동시간 연장과 축소 요청이 이미 공존하고 있었음을 보여줍니다.[†] 여기서 우리는 훗날 인권에 기입될 '노동의 권리'와 '노동할 권리'[60]의 전제조건을 볼 수 있습니다.

인본주의자의 모습은 노동문제에 대한 하나의 **응답**이기도 합니다. 인본주의자는 노동이라는 주제로 그에게 **제기된** 물음에 대답합니다. 그는 대답을 책임지고 실행하는 인본주의

[*] *La Fin du travail*, 378~379쪽.(제러미 리프킨, 291~293쪽)
[†] *Un autre Moyen Âge*, 69~71쪽.

자라고 자처합니다. 인본주의자는, 그 시대를 지배했고 그리고 오늘날에도 다는 사라지지 않은 노동 신학에서 노동시간과 수도원의 시간표를 세속화하기 시작한 사람입니다. 시간은 단순히 신의 선물만은 아니며 계산될 수 있고 팔릴 수 있는 것입니다. 14세기 도상학에서 시계는 때때로 인본주의자의 속성을 나타내기도 합니다.* 나를 감시해야 하는 시계, 그리고 '내가 여기에 있다'라고 속세의 노동자를 엄격하게 감시하는 그런 시계 말입니다.

저는 여러분에게 몇 시간 동안 **시간**에 대해 말하고 싶습니다. 순전히 허구적인 이 계산이 가능한 단위에 대해서, 시간을 조절하고 명령하고 이야기하고 만들어내는 "**마치 ~인 것처럼**"에 대해서 말입니다(**허구**란 나타내는 것이면서 만들어내는 것이기도 하지요). 대학 안이나 밖에서, 시간은 강의·세미나·강연 등 모든 것이 시간대마다 적용되는 노동시간을 헤아리는 축입니다. "수업시간"은 그 자체가 시간을 단위로 규제됩니다.

* "시간은 신의 선물이며 따라서 **팔 수 없다**. 중세가 상인들에게 내세웠던 시간의 금기는 르네상스가 시작되자 사라졌다. 오로지 신에게만 속해 있었던 시간은 이제부터 인간의 소유물이 되었다…… 이제 고려하기 시작한 것은 인생의 새로운 척도인 시간이다…… **한 시간이라도 절대로 헛되이 하지 말 것**. 중심을 이루는 덕성, 그것은 바로 절제인데, 14세기 이후 새로운 도상학은 모든 것들의 척도가 되는 시계, 그 속성에 부여된다."(같은 책, 78쪽)

탈구축은 시간에 물음을 던지는 것, "시간"이라는 단위를 위기에 처하게 하는 것이 아니던가요? 또 9세기에서 11세기 이래로 성직자oratores · 기사bellatores · 노동자laboratores라는 삼분화된 질서로, 그런 다음 일métier의 계층적 서열(고상한 일 또는 일천한 일, 합법적인 일 또는 비합법적인 일, 허가되지 않은 일negotia illicita, 노예 일opera servilia, 일요일에 금지된 일*)로 사회를 나누던 이 세 가지 구분의 흔적을 따라가야 합니다. 르 고프는 노동세계의 통일성이 기도의 세계나 전쟁의 세계에 비해 "오래 지속되지는 않았다"†는 사실을 탁월하게 보여줍니다. 이 추정된 "통일성"을 르 고프는 필요한 경우 신중하게도 "만약 그것이 언젠가 존재했다고 하더라도"라고 명확히 지적하는바, 제가 볼 때 이 신중함은 적어도 그 구절을 도중에 붙잡아둬야 할 만큼 중요해 보입니다.‡

"일에 대한 멸시" 이후, "멸시의 새로운 경계는 설정되어 새로운 계급의 한복판으로, 더 나아가서는 직업의 한복판으로 옮겨갔습니다."§ 제가 보기에 "일"과 "직업"을 구별하지 않았으며, 어쨌든 구별을 강조한 것도 아니며(저는 구별할 필요

---

* 같은 책, 89~90쪽.
† 같은 책, 102쪽.
‡ "기도의 세계나 전쟁의 세계에 비해 한편 노동 세계의 이러한 통일성은, 만약 그것이 언젠가 존재했다고 하더라도, 오래 지속되지는 않았다."(같은 곳)
§ 같은 곳.

가 있다고 생각합니다만), "일들과 직업들"*을 빈번히 결합시키고 마찬가지로 "직능별 사회집단"†이라는 카테고리도 사용하고 있습니다만, 르 고프는 12세기에 "노동 신학"과 삼분화 도식(성직자·기사·노동자)에서 "한층 더 복잡한" 도식으로 변형되는 그 탄생의 과정 또한 그려내고 있습니다. 이것은 "노동 분할의 증대 효과하에 경제적이고 사회적인 구조의 차별화"‡로 설명됩니다. 12세기와 13세기에 대학의 전조가 되는 학생들scolares과 교사들magistri의 계층적 서열로서의 "학문적 일"이 등장합니다. 아벨라르[61]는 문예literae와 무예arma 사이에서 선택해야 했습니다. 그는 화려한 전사의 영광pompa militari gloriae으로서 문예연구studium literarum를 선택함으로써 희생한 것입니다.

저는 교사라는 직업의 자리를, 엄격히 말해 예를 들어 아벨라르가 "그대는 영원히 교사가 될지니"§라는 명령 내지는 부름에 대답해야 할 책임을 떠맡은 그 순간으로, 즉 서약의 지극히 상징적인 순간으로 자리매김시키고자 합니다. 르 고프가 강조한 것처럼, 아벨라르가 자신의 경력을 병기창과 같

---

* 같은 책, 159쪽.
† 예를 들어 같은 책, 103쪽.
‡ 같은 책, 165쪽.
§ "tu eris magister in aeternum", Jacques Le Goff, 같은 책, 179쪽.

은 변증술과 전투의 **논쟁들**disputationes 같은 전투용어들로 계속 묘사하지만 말입니다. 이에 따라 새로운 상황에서 필요해지는 것은 대부분 **철학자**의 모습과 이름, 철학자**로서** 교사의 모습과 이름입니다.* 대학은 철학적인 것의 특권적 자리에서, 즉 인문학의 안과 밖에서 사고되며 표상됩니다. 칸트가 대학을 구성할 때, 철학부에 다소간의 특권을 부여한 것은 놀랄 만한 일도 아닙니다.[62]

만약 철학이, 적어도 어느 정도까지는 탈구축을 위한 특권화된 준거이자 자원이자 목표라고 한다면, 이는 분명 이와 같은 지배적인 전통으로 부분적으로 설명될 것입니다. 12세기와 13세기에 학자의 삶은 어떤 일(학업negotia scholaria)이 됩니다. 이때 새로운 학생들과 학자들의 공부나 연구에 사례를 하는 것을 분명히 하기 위해, 금전과 칭찬pecunia et laus을 언급하게 됩니다. 급여와 영광이 그들 사이에서 경제적 기능과 직업의식을 이어줍니다.[63]

이러한 역사적 지표를 통해 제가 제시하고 싶은 바는, 도래할 **인문학**의 임무 중 하나는 끝없이 인식하고 사고하는 일, 최소한 우리가 방금 목도한 방향으로 열어둔 채 그렇게 하는 일이란 점입니다. 즉 공언하고-가르치고-고백하는-행위, 노

* 같은 책, 181쪽.

동과 신학의 역사, 지知의 역사와 지 안의 믿음의 역사, 인간에 관한, 세계에 관한, 허구에 관한, 행위수행적인 것과 "마치 ~인 것처럼"에 관한 문학과 작품을 둘러싼 물음과 거기서 우리가 방금 연관지었던 모든 개념이 바로 이 방향에 해당되겠지요.

도래할 인문학의 탈구축 임무가, 그 자체의 위상 덕에 오늘날 인문학에 속하는 학과들의 전통적인 한계에 속하도록 그대로 놔두지는 않을 겁니다. 이 도래할 인문학은 과목들의 경계를 뛰어넘겠지만, 우리가 자주 혼란스러운 방식으로 부르는 상호학제성이니, 뭐든지 할 수 있다는 식의 편리한 개념 문화연구cultural studies니 하는 것에, 각각 과목의 특수성을 녹여버리지는 않을 것입니다. 그러나 유전학·자연과학·의학, 적어도 수학과 관련된 학과가, 각자의 연구를 통해 우리가 상기해온 물음들을 진지하게 여기리라는 점은 충분히 상상이 되고도 남습니다. 마지막으로 칸트의 『학부들의 논쟁』을 참조해보면, 이러한 점은 의학 말고도 특히 법학·신학 혹은 종교학 학과들에서 진실입니다.

IV

이제 서둘러 결론으로 향해야 할 것 같습니다. 전보를 보내듯 건조한 방법으로 일곱 개의 테제, 일곱 개의 명제, 일곱 개의 신념고백으로 결론을 제시하겠습니다.

이들은 모두 프로그램에 머무르고 있습니다. 그중 여섯 개에는 (여기까지 서술한 것을) 상기하거나 집약하는 식의 형식적 가치 정도만 있을 겁니다. 이것들은 다시 검토할 예정입니다. 안식일 같지는 않을 일곱번째 테제는, 다른 여섯 개의 테제를 넘어서 제가 아직 말한 적 없는 **사건**이나 **장소-갖기**의 차원을 향해 한걸음 내디디려 할 것입니다.

앞의 여섯 테제들─혹은 신념고백─과 마지막 테제 사이

에서, 행위수행적인 "마치 ~인 것처럼" 너머로, 지금까지 신뢰한다고 여겼던 진위진술적인 것과 행위수행적인 것 사이의 구분까지도 넘어선 곳으로 우리를 데려갈, 어떤 도약의 발판이 마련될 것입니다. 일종의 "마치 ~인 것처럼"에, 다른 것이 아닌 바로 이것에, 다른 무엇보다 바로 이 "행위수행적인 것"에 우리가 마치 기대를 걸었던 것처럼 말입니다. 내일의 인문학은, 모든 학과에서 각각의 역사를 과목 구축으로 제도화하고 그것들을 공존하게 했던 개념들의 역사를 연구해야 할 것입니다.

물론 이 작업은 벌써 시작되었으며, 시작을 보여주는 조짐은 많습니다. 기관의 모든 행위와 마찬가지로 우리가 분석해야 하는 행위에는 행위수행적인 힘이 있을 것이며, "마치 ~인 것처럼"을 실행시킬 것입니다. 저는 방금 "연구"하고 "분석"해야 한다고 말했습니다. 이미 언급한 이유로 "연구"나 그런 "분석"이 순전히 "이론적"이고 중립적이지 않을 수 있는지는 명확히 해야 할 필요가 있는 게 아닐까요? 그것들은 실천적 행위수행적 변형과 결부되면서도, 독특한 작품 생산을 막지는 않을 것입니다. 저는 이 분야[*]들에 여섯 가지를, 그 다음으로 일곱번째 주제별로 프로그램화된 제목들을, 이들의 상호 호출과 교차되는 풍부함을 없애지 않으면서 제시하고자 합니다.

1. 이 새로운 **인문학**은 인간의 역사, 인간이라는 개념, 인간의 형상, 그리고 "인간 고유의 것"을 다룰 것입니다. 새로운 **인문학**은 인간을 규정해온, 특히 사람이라는 생물과 동물이라는 생물의 전통적 대립, 이 끝나지 않는 일련의 **대립들**하에 존재해온 역사를 그려나갈 것입니다. 여기서 증명할 수는 없겠지만, 저는 이 "인간 고유의 것"과 관련되거나 그것에 우리가 대립시키는 것과 관련된 그 어떤 전통적인 개념도, 과학적이고 일관성 있는 탈구축적 분석에는 **맞설** 수 없을 것이라고 감히 주장하려 합니다.[64]

여기서 가장 긴급한 단서는, 인간의 인간성과 관련되어 근대사를 특징지어왔던 법률의 강력한 수행성들을 문제화하는 일일 겁니다(그 자격을 박탈한다는 것을 뜻하는 건 아닙니다). 이를테면 저는 이 법률적 수행성과 관련하여 최소한 두 개의 귀한 역사를 생각하고 있습니다. 그것은 **한편으로는** 인권선언—그리고 **여성인권선언**이며(그 이유는 성차에 대한 물음이 여기서 부차적이거나 우연적인 것이 아니기 때문입니다. 또한 주지하듯 **인권선언**은 1789년부터 1948년까지, 그 이후로도 헤아릴 수 없이 변형되고 확장되었습니다. 니체의 말처럼 인간의 모습, 약속을 지키는 동물, 약속하는 것이 가능한 동물은 도래하는 것으로 남았습니다) "**다른 한편으로는** 제2차세계대전 이후 국제법의 지정학적 장을 변화시킨데다 무엇보다 세계화된 고백의 현장을 역사와 과거 일반과 깊이 연관지으면서 이 분야를 더욱더 변화시켜나갈 "인류에 반하는 범죄" 개념입니다. 새로운 **인문학**은 따라서 법-권리(인권, 즉 인류에 반하는 범죄 개념)의 행위수행적 생산들을 다루게 될 것이며, 새로운 **인문학**은 여기서 늘 약속을, 약속과 함께 "마치 ~인 것처럼"의 관습과 결부되어 있습니다.

2. 이 새로운 **인문학**은 같은 방식으로 민주주의와 주권 사상의 역사를 다룰 것입니다. 말하자면 대학이, 그리고 대학에서 인문학이 영위한다고 (또다시 "마치 ~인 것처럼") 당연히 **전제할** 조건들을, 아니 차라리 무조건성을 다룰 것입니다. 이 주권 개념의 탈구축은 국제법, 국민국가의 한계, 국민국가가 주장하는 주권의 한계를 다룰 뿐만 아니라, **주체** 혹은—그 자체로 (자유롭고 의사결정을 내리고 책임을 지는 등등) "주권을 갖는다"고 항상 전제되었던—일반 **시민**과 관련된, 또한 우리가 남성과 여성이라고 부르는 것 사이의 관계들과 관련된 법률적-정치적 담론들에서 그것들의 사용도 다룰 것입니다. 이 분리 불가능한 주권 개념은, 선거권 접근에 있어 남녀 "동수"[65] 보장과 관련해 종종 잘못 사유되고 길을 잘못 들었던 논쟁의 핵심에 있었습니다.[66]

3. 이 새로운 **인문학**은 같은 방식으로 "공언하다·가르치다·고백하다professer" "직업profession", 교직professorat의 역사를 다룰 것입니다. 이 역사는 그것이 국가 원수의 주권, 국민국가, 심지어 민주주의적인 "인민"의 주권을 넘어선 지점에서 노동과 세계화된 고백의 대전제들이나 전제들(특히 아브라함적이고 성서적인 전제, 특히 그리스도교적 전제)의 역사와 관련될 것입니다.

여기서 엄청난 문제가 발생합니다. 어떻게 민주주의를 시민성에서, 국민국가와 주권의 신학적 관점에서, 더구나 인민주권의 신학적 관념에서 분리해낼 수 있을 것인가? 어떻게 주권과 무조건성, 불가분한 주권 권력과 무조건성의 비-권력을 구별해낼 수 있을 것인가? 이런 물음입니다. 여기에 여전히 직업이든 고백이든 중요한 관건으로서 "마치 ~인 것처럼"의 행위수행적 구조가 향후 연구의 핵심으로 자리하게 되는 거지요.

4. 이 새로운 **인문학**은 같은 방식으로 문학의 역사를 다룰 것입니다. 문학의 정전들(고전 **인문학**에서 이론의 여지가 없고 전통적인 대상들)에 대한 중요한 질문과 함께하는 문학사, 혹은 문학 그 자체로 통상 불리는 것의 역사뿐만 아니라, 문

학 개념의 역사, 문학이라 불려온 근대적 제도의 역사, 허구와 "마치 ~인 것처럼"의 행위수행적 힘과 문학이 맺는 관계들의 역사, 작품·작가·서명·국어 개념의 역사, **인문학**이라고 불리는 것들이 학과들 안팎에서, 대학 및 대학 안에서 표방하는 무조건적 주권과 민주주의를 설립시키는 모든 것을 말할 권리(혹은 모든 것을 말하지 않을 권리)의 역사를 다룰 것입니다.

5. 이 새로운 **인문학**은 같은 방식으로 직업profession, 신념고백profession de foi, 전문직업화professionalisation, 교수직professorat의 역사를 다룰 것입니다. 여기서 실마리는, 오늘날 신념고백과 교수의 신념고백이 우리가 믿고 있는 지知에 대한 유능한 훈련에 장소를 제공할 때는 물론이거니와, 진위진술적인 것과 행위수행적인 것의 고전적 결합에도, 또한 독특한 작품들에도, 더 나아가 학문의 장이나 **인문학**의 장에 영향을 미치는 사건들인 "마치 ~인 것처럼"의 또다른 전략들에도, 장소를 제공할 때 발생하는 일일 수 있습니다. 오늘날 우리는 교수와 교수 하면 떠오르는 권위 가득한 모습의 종말을 목격하겠지만, 충분히 언급했듯 저는 교수직의 필요성을 믿습니다.

6. 따라서 이 새로운 인문학은, 결국에는 같은 방식으로, 그러나 비판적이고 동시에 탈구축적인, 엄청난 반성적 반전의 과정에서 "마치 ~인 것처럼"의 역사를, 특히 여기까지 우리에게 필수적이었던 것처럼 보였던 행위수행적 행위와 진위진술적 행위 사이의 정교한 구별의 역사를 다룰 것입니다. 비록 이러한 구별이 여기저기에서 벌써 착수되었다 하더라도, **마치** 제가 오늘 여기까지 유보하지 않고 그것을 믿어오기라도 한 **것처럼**, 마치 제가 그것을 절대적으로 "신뢰할 수 있는 것"으로 간주하고 있기라도 한 **것처럼**, 아주 결정적인 이 구분의 역사와 그 한계도 연구해야 할 것입니다. 이 탈구축 작업은 오스틴의 독창적이고 천재적인 작품만이 아니라 거의 반세기 동안, 특히 **인문학**에 남겨진 그의 귀하고 감동적인 유산과도 관련될 것입니다.

7. 제7일이 아니라 일곱번째 논점에 결국 이르렀습니다. 오히려 이렇게 말할 수 있겠습니다. 저는 지금 장소를 가지면서, 그리고 자리를 차지하면서, 더 나아가 **다다르면서**, 대학에서, **인문학**에서 a, b, c에 결부된 권위조차 혁신하고, 전복하고, 낭패를 맛보게 하는 것에 **아마도** 다다르게 **놔둔다**라고 말입니다.

a. 지^知 (혹은 최소한 지의 진위진술적 언어 모델) ;

b. 직업 혹은 신념고백(혹은 최소한 그것의 행위수행적 언어 모델) ;

c. "마치 ~인 것처럼"의 작품화, 적어도 "마치 ~인 것처럼"의 행위수행적 작품화.

일어나는 것, 장소를 차지하는 것, 일반적으로 볼 때, 일이 발생한다는 것, 우리가 사건이라고 부르는 것, 그것은 과연 무엇일까요? 우리는 이 주제와 관련해 과연 "이것은 무엇인가?"라고 물어볼 수 있습니다.

사건은 지^知의 언어의 진위진술적이고 명제적인 방식('S는 P이다')에 놀람을 선사할 뿐만 아니라, 어떤 주체의 행위수행적 발화행위에 의해 통솔되게끔 저 자신을 내버려두지도 않습니다. 보증된 여느 행위수행적 행위와 같은 관습들, 정당한 허구들, 특정의 "마치 ~인 것처럼"으로, **내가 어떤 사건을 생산하고 규정할 수 있는** 한, 분명 저는 아무것도 발생하지 않는다거나 일어나지 않는다고는 말하지 않을 것입니다. 그러나 장소를 차지하는 것(생겨나는 것), 일어나는 것 혹은 **나에게 일어나는 것**은 선행^{先行}이나 사전 이해의 지평, 간략하게 말해 어떤 **지평**에서, 여전히 통제할 수 있고 프로그램화가 가능하다고 저는 말하겠습니다. 그것은 제어할 수 있는 가능한 것의 차원에 속하며, 그것은 이미 가능한 것의 전개와 다름없습니다. 그것은 능력의 차원, "나는 할 수 있다" "나는 무언가를 할 능력이 있다$^{I \, may, \, I \, can}$"의 차원에 속합니다. 여기에는 조금의 놀람도 없으며, 따라서 강한 의미가 있는 사건도 아닙니다.

이는 적어도 어느 정도는 일어나지 않는다는 말입니다. 왜냐하면 일어나는 것 혹은 일어나는 자, 그리고 나에게 일어나는 것의 (저는 이를 **일어나는 중인 것**이라고 부릅니다) 특이하고 순수한 사건성이 있으려면, 또는 그와 비슷한 것이 있으려면, 이는 모든 행위수행적 조직화, 모든 관습이나 관습성에 의해 지배되는 모든 맥락을 **중단시키는**, 지평을 파열시키는 **침입**을 전제해야만 할 것이기 때문입니다. 말하자면 이런 사건은 오로지 그 어떤 "마치 ~인 것처럼$^{comme \, si}$"에 의해서 혹은 적어도 **그 자체로서**$^{comme \, tel}$ 미리 읽을 수 있는 것은 아니며, 해독 불가능하고 분절 불가능한 그 어떤 "마치 ~인 것처럼"에 의해서도 지배받지 않을 때만 생겨나는 것입니다. "마치 ~인 것처럼"의 소략한 낱말 "처럼", 마찬가지로 "그 자체로서"의 "로서"—이 표현의 권위는 모든 현상학과 모든 철학은 물론, 모든 존재론을 과학이나 인식론처럼 설립하고 또 정당화합니다—즉 이 소략한 낱말 "~처럼/~로서^{comme}"는, 탈구축의 표적이라고까지는 말하지 않겠습니다만, 진정한 문제를 가리키는 낱말일 수 있는 거지요.

우리가 지나치게 자주 말하기를, 행위수행적인 것이 말하고 있는 사건을 생산한다고 하지요. 물론 그렇습니다. 그렇지만 거꾸로, 행위수행적인 것이 있는 곳에서 그 이름에 값하는 사건은 일어날 수 없다는 사실 또한 알아야 합니다. 만약 일어나는 무슨 일인가가 가능한 것의 지평, 나아가 가능성 있는 행위수행의 지평에 속한다면, 온전히 그 말 그대로 그것은 일어나지 않는 것입니다.

제가 내내 증명하려 했던 것처럼, 오로지 불가능한 것만이 일어날 수 있습니다.

탈구축은 불가능했거나 불가능한 것이었음을, 또한 탈구축이 어떤 방법이나 어떤 교의 또는 어떤 사변적 메타철학이 아니라 일어나는 것이었음을 종종 상기해보면서, 저는 이와 같은 사유를 신뢰하고 있습니다.

이러한 사유의 정당성을 인정하려고 제가 시도했던 여러 가지 사례(고안·증여·용서·환대·정의·우정)*는 모두 불가능한 가능한 것, 불가능한 것으로서의 가능한 것, 가능한 것-불가능한 것에 대한 사유를 확고히 해주었으며, 이 사유는 가능성이나 가상성의 형이상학적 해석에 의한 규정을 더이

---

* 이 모티프들이 지난 15년간 나온 제 출판물과 세미나의 핵심입니다.

상 허락하지 않습니다.

이 불가능한 가능한 것의 사유, 가능한 것의 또다른 사유는 필연성에 관한 사유지만, 제가 다른 곳에서 드러내려고 시도했듯이,[67] "아마도peut-être"에 관한 사유, 니체가 언급하고 철학이 늘 굴복시키길 원했던, 이 "아마도"의 위험한 양태에 관한 사유입니다. "아마도"의 경험 없이는 미래와도, 사건의 도래와도 연관지을 수 없을 테니 말입니다. 발생하는 것 또는 장소를 갖는 것이 가능한 것 혹은 필연적인 것으로 고지되지는 않는데, 그렇게 되면 사건의 침입이 사전에 무효가 되어버리기 때문입니다. 사건은, 가능한 것이 아니라 불가능한 것에 주어지는 **아마도**의 범주에 속합니다. 그리고 이 **아마도**의 힘은 행위수행적인 것의 힘이나 능력으로는 환원되지 않는바, 이는 그 힘이 최종적으로 그 기회며 유효성을 행위수행적인 것 그 자체에, 행위수행적인 것의 (발화적 발화효과적 발화수반적) **힘**이라고 우리가 부르는 것에 부여한다고 해도 그렇습니다.

사건의 힘은 항상 행위수행적인 것의 힘보다 더 강력합니다. 저에게 일어나는 것 앞에서, 그리고 제가 결정하는 것 (『우정의 정치들』에서 제가 보여주려 시도한 것입니다만, 저의 결정이 항상 타자의 결정이라는 일종의 수동성을 동반하게 되는 그것) 안에서조차, 일어나고 나에게 일어나는 타자 앞에서, 모든 행위수행적인 힘은 범람하고 초과되고 노출됩니다.

아마도의 경험에 부여된 힘은, 분명 "마치"나 "마치 ~인 것처럼"과 친화력을 갖거나 공모합니다. 따라서 "그리고 만일 이것이 일어난다면? 전혀 다른 것인, 이것은 **확실히 일어날 수 있을 것이다. 이것은 일어날 것이다**"처럼, 조건법과 관련된 일련의 문법과 함께합니다. 아마도를 사유하는 것은 "만약"을, "그리고 만약에?"를 사유하는 일입니다. 하지만 이 "만약"이, 이 "그리고 만약에?"가, 이 "마치 ~인 것처럼"이, 지금까지 우리가 논했던 모든 "마치 ~인 것처럼"의 차원으로는 더이상 환원되지 않는다는 사실을 여러분은 확실히 알 수 있을 겁니다.*[68] 만약 그것이 조건법의 어법에 따라 어미를 변화시키는 것이라면, 그것은 또한 무조건적인 것, 우발적인 것, 혹은 불가능한 무조건적인 것의 가능한 사건을, 완전한 타자─주권의 신학적 개념에서 이제 분리해야 하는(오늘 제가 말하지도 않았고 행하지도 않은 이것)─를 예고하기 위한 것이기도 합니다. 결국 저의 가설은 (지극히 난해하고 거의 일어날 법하지 않으며 어떤 증거에라도 접근할 수는 없을 것 같

---

* 주지하다시피 이 "마치 ~인 것처럼"이 단지 철학적인 것만은 아닙니다. 그것은 여러 가지 이유에서, 한스 파이힝거Hans Vaihinger의 『'마치 ~처럼'의 철학*Die Philisophie des Als ob*』의 그것도 아닙니다. 마찬가지로 프로이트가 「환상의 미래」(제5절의 결말)에서 파이힝거의 이 저서를 참조하면서 시사한 바와도 다릅니다.

은) 아마 다음과 같은 것일 겁니다. 즉 분리 불가능한 주권과 주권적 통제에 대한 모든 환상으로부터, 사유·탈구축·정의· 인문학·대학 등의 일련의 **무조건적** 독립이 분리되어 나와야 한다는 것입니다.

그런데 "만약"의 이 다른 양태에 대한 사유가 발생하도 록 해야 하는 것은 여전히 **인문학**에서입니다. 그것은 어렵고 불-가능한 것 이상으로, 행위수행적인 것 그리고 진위진술 적인 것/행위수행적인 것의 대립을 초과하는 것입니다. 지 배의 한계나 행위수행적 관습성의 한계, 행위수행적 권위의 한계를 **인문학** 안에서 사유하면서, 우리는 무엇을 하는 걸까 요? 우리는 행위수행적 작용에 늘 필요한 맥락(모든 관습과 같은 맥락, 제도적인 맥락)이 더이상 저절로 채워지지도, 구 분되지도, 완전히 결정되지도 않는, 바로 그런 장소로 향합 니다.

요컨대 진위진술적인 것과 행위수행적인 것의 구별이라 는 훌륭한 고안은, 대학 내부의 주권적 지배, 대학의 고유한 권력, 대학에 부여된 권력 등과 관련하여, 대학을 여전히 대 학 안에서 보장하려 애썼을 것입니다. 따라서 우리는 대학의 **내부와 외부** 사이의 한계 그 자체, 특히 대학 그 자체의 경계 와 대학 내의, **인문학**의 경계를 건드리게 됩니다. 우리는 인 문학의 외부와 인문학의 미래의 저 환원 불가능성을 **인문학**

안에서 사유합니다. 우리는 우리 자신을 인문학 내부에 가둘
수도 없고 그러도록 내버려두어서도 안 된다는 것을 **인문학
내부에서** 사유하지요. 그러나 이러한 사유에, 단단해지고 일
관성을 갖추기 위해 인문학이 필요합니다. 이를 사유하는 것
은 학문적이거나 사변적이거나 이론적인 작업이 아닙니다.
어떤 중립적인 유토피아를 사유하는 일도 아닙니다. 하나의
단순한 진술만을 말하는 일도 아니죠. 항상 이 **분할 가능한 한
계** 위, 일어날 것이 일어나는 곳은 바로 거기입니다. 일어나
는 것에 영향받고 변화하는 것도 바로 이 한계입니다. 분할
이 가능하다는 점에서, 어떤 역사를 갖는 것은 이 한계입니
다. 불가능한 것의 한계, "아마도"와 "만약"의 이러한 한계,
이것이 바로 분할 가능한 대학이 현실에, 외부의 힘들(문화
적 이데올로기적 정치적 경제적 힘을 비롯한 온갖 힘)에 노출
되는 자리입니다. 이곳이 바로 대학 자신이 사유하려 시도하
는 세계 내 대학의 자리입니다. 이러한 경계 위에서 대학은
저항을 교섭하고 이를 조직해야 합니다. 그리고 책임을 져야
만 합니다. 대학 스스로를 가두기 위해서도, 아마도 탈구축
하기 시작했을, 적어도 탈구축하기 시작한 신학적 인본주의
적 유산의 주권이라는 이 추상적인 환영을 재구성하기 위해
서도 아닙니다. 학문 너머의 힘들과 결합하면서 효과적으로
저항하기 위해, 다시 대학을 점유하려는 모든 (정치적 법적

경제적 등등의) 시도와 주권의 다른 모든 모습에 맞서기 위해, 작품들을 통한 창조적 역습으로 맞서기 위해서입니다.

이에 관해 다른 위상을 호출하는 다른 방식은 이렇습니다. 조건 없는 대학은 오늘날 우리가 대학이라고 부르는 울타리 안에 필연적으로 또는 배타적으로 자리잡지 않습니다. 조건 없는 대학은 필연적으로, 배타적으로, 전형적으로 교사의 형상 안에서 나타나지 않습니다. 조건 없는 대학은 이 무조건성이 예고될 수 있는 곳이라면 어디서든 생겨나고 자리를 탐색합니다. 아마도 사유에 자리를 (스스로를) 내주는 곳이라면 어디서든 말입니다. 종종 "조건"이라는 논리와 어휘를 분명 넘어서는 곳에서조차 말입니다.

이러한 신념고백을 어떻게 정당화할 수 있을까요? 제게 시간이 충분히 있다고 해서 원칙적으로 이를 정당화할 수 있는 걸까요?

제가 여기서 이야기한 것이 이해될 만한 것인지, 의미를 가질지, 저는 잘 모르겠습니다. 사실 이는 의미의 의미에 관한 문제입니다. 여러분에게 제가 제시했던 강연이 어떤 위상을 지니는지, 그 장르며 정당성이 무엇인지 저는 잘 모르겠습니다. 이것이 학술적인 것일까요? 인문학에서의 지知에 관한 것이거나 인문학과 관련된 지에 관한 강연일까요? 단지 지에 관한 것일까요? 단지 행위수행적인 신념고백일까요?

이것이 대학 내부에 속한 문제일까요? 철학이나 문학일까요? 아니면 연극일까요? 작품이나 강의, 아니면 일종의 세미나일까요?

제게는 이 주제와 관련해 몇몇 가설이 있긴 하나, 결국 그것은 이제 결정을 내릴 여러분의 것이자, 타자들의 것이기도 할 것입니다. 서명하는 자는 또한 그 서명을 수신하는 자이기도 하니까요. 우리는 그들을 알지 못합니다. 여러분도 저도 알지 못합니다. 제가 말하는 이 불가능한 것이 아마도 언젠가 일어난다고 해도, 그 결과는 여러분의 상상에 맡길 수밖에 없습니다.

천천히 해보십시오, 하지만 서둘러 그렇게 해주십시오. 여러분을 기다리고 있는 게 뭔지 여러분은 모르니까요.

1 'profession'이라는 단어의 뜻은 다음과 같다. 1) 믿음·견해·태
도·감정 등의 '개인적 선언'이나 '공적 선언 또는 개방적 선언' 즉
'공언' 2) '~처럼 제시되는 행위' 3) '고백confession' 4) 봉급·급
여·보상 등이 따르는 '개인에 의해 실행되는 직업'을 의미하는 라
틴어 'professio'에서 유래한 말. 이 단어는 중세에서 16세기까
지 종교적인 의미로 주로 쓰였으며 '신앙고백'이나 '믿음의 선언'
을 의미했다.(Oscar Bloch·Walther von Wartburg, *Dictionnaire
étymologique de la langue française*, P.U.F., 2008, 513쪽) 「로마 예
식서」에 따라 개인이 순종 등의 약속이나 서원으로 수도 공동체
나 재속회에 자신을 봉헌하는 것을 가리키는 '수도선서'에도 이 낱
말이 사용된다. 수도자가 되려면 믿음을 '공언'해야 하며 수도선
서를 한 자는 '선언하는 자profès'가 된다.(*Catholic Encyclopedia*,
"Religious Profession" 항목 참조) 이후 그 의미가 확장되어 주장
이나 방침 등의 '공언'이나 '표명' 혹은 '선언'을 뜻하였으며, 신앙
이나 믿음 고백의 맥락에서는 '자신을 거는 행위'와 '참여하는 행
위'와 결부되어 나타난다. 프랑스혁명 이전에는 맹세나 왕의 규정
에 따라 길드 형태로 조직된 '직업', '지적 특징에 의해 권위를 갖
는 직업' 또는 '이 같은 직업에 종사하는 사회집단'을 뜻했다. 프랑
스대혁명 이후에는 신학·법률·의학에 관련된 '직업'이란 인식하

에 이 단어로 표기되었다. 오늘날에도 특별한 재능이나 전문적인 훈련을 요구하는 전문직이나 지적 직업, 특히 비영리적인 봉사 직업을 'profession'이라고 부른다. 한국어 번역에서 일관되게 유지한 'professeur(교수·교사)'나 'profession(직업·공언·고백)'은 동사 'professer(공언하다·가르치다·고백하다)'에서 연원한다. 이런 맥락에서 '교수·교사'는 '공언하는 자, 가르치는 자, 고백하는 자'를 뜻한다.(Paul Robert, *Le Grand Robert de la langue française*, tome VII, les Dictionnairess Le Robert, 1985, 799쪽)

2 profession de foi. 종교적으로는 가톨릭에서 말하는 '신앙고백'을 뜻한다. 자신의 '신념을 걸고 하는 고백'을 뜻하며, 정치적 종교적 지성적인 모종의 원칙들에 따르겠다는 선언을 의미한다.

3 engagement. 이 단어에서 "'gage'라는 어간에는 원래 '서약·담보·보증'과 같은 의미가 있는데, 데리다에 따르면 'gage'라는 것은 우리가 이런저런 의사소통을 위해 언어에 '참여하기'('engagement'이라는 단어의 가장 일반적인 의미는 바로 '참여하기'이다) 이전에 이루어지는 언어 자체에 대한 원초적인 수용, 따라서 이 언어에 대한 '긍정'의 표시를 뜻한다. 곧 질문하거나 부정하거나 의사를 전달하는 따위의 언어활동 이전에, 이러한 언어활동의 조건으로서 언어에 대한 원초적 긍정의 서약이 존재한다는 것이다. 따라서 언어활동을 하기 위해서 우리는 먼저 언어에 스스로를 개방해야 하고('engager'에는 '시작하다·열다'라는 의미가 들어 있다) 언어에 따를 것을 약속해야 한다. 이럴 경우에만 비로소 우리는 언어에 '참여할' 수 있다."(자크 데리다, 『법의 힘』, 진태원 옮김, 문학과지성사, 2004, 22쪽)

4 여기서 대학은 한편으로 이성과 합리로 지知의 내용들을 산출하는 데 힘썼던, "'문명'이라는 개념과 아카데미나 전문학교, 미술을

필두로 한 새로운 지적 제도'를 창출했던, 18세기 프랑스의 백과전서파의 계몽사상에 의해 건설된 대학이자, 이 대학 이념에 대항으로 "'문화' 개념을 내세우면서 아카데미의 비판을 받고 있던 문제의 그 대학을 그 낡은 모습과는 전혀 다른 형태로 혁신"하고 "연구와 교육의 일치"를 강조한 훔볼트의 이념에 따라 19세기 초반 탄생한 독일의 "국민국가형 대학"을 의미한다.(요시미 순야, 「'대학'의 재발명: 훔볼트의 혁명」, 『대학이란 무엇인가』, 서재길 옮김, 글항아리, 2014, 100~113쪽 참조)

5   칸트는 '철학부'에 "자유 이외에 다른 어떤 것도 필요치 않"으며 "이성을 공적으로 사용할 수 있는 자유"를 부여해야 한다고 말한다.(임마누엘 칸트, 『칸트의 역사 철학』, 이한구 옮김, 서광사, 2009, 15~16쪽 참조) 인간이 스스로의 내적 동력을 발판으로 미성년 상태에서 벗어날 수 있음을 의미하는 '계몽Aufklärung'적 지식은 대학에서 '공적'이어야 하며, 이는 무조건적이고 자유로운 방식으로 실행되어야 한다는 의미다.

6   저자가 괄호 안에 라틴어 'Lux'로 강조해서 쓴바, '앎·깨달음·빛' 등을 의미하는 프랑스어 'lumière'는 18세기 '계몽 이성'에 따른 지식을 의미하기도 한다.

7   L'université *fait profession* de la vérité. '대학은 진리를 공언(고백)합니다'로 옮길 수도 있다.

8   중세 스콜라철학의 진리는 '사물과 지성의 합치adaequatio rei et intellectus'를 의미한다. 사물과 지성의 상등성에 근거하는 진리론은 기독교 신학에 의해 계승되었으며, 신이 미리 사유하는 관념으로 창조된 사물이 지성에 대응되었다. 칸트의 초월철학에서는 '인간 지성'과 '인간 지성에 의해 인식되는 사물'의 합치를 따르게 된다. "칸트의 현상존재론으로서의 초월철학의 요지는 그의 '진리' 개

념에서 잘 드러난다. 칸트는 진리를 "사물과 지성의 합치"라 규정하고, 인간의 참된 사물 인식은 "인식하는 자의 인식되는 것으로의 동(일)화assimilatio cognoscentis ad rem cognitam로 해석해오던 전통을 벗어나, 참된 인식은 "존재자의 지성에의 일치convenientia entis ad intellectum"로 인하여 성립한다는 사상을 표명하여, 이른바 인식자·인식대상 관계의 코페르니쿠스적 전환을 단행하고 있다. "창조될 사물의 신神의 지성에의 합치adaequatio rei creandae ad intellectum divinum"라는 뜻에서 "인식되는 사물의 형식이 인식하는 자 안에 있다"라는 옛 초월철학의 문자를 그대로 받되, 사물을 인식하는 인간이 적어도 "부분적으로는 그 사물의 창조자"라고 보아 "사물과 지성의 합치"를 "(인간) 지성과 (인간 지성에 의해 인식되는) 사물의 합치(동일형식성, conformitas)"로 해석한다."(백종현, 「지식학에서 철학으로—칸트의 『순수이성비판』 읽기」, 『고전 강연 4-근대정신과 비판』, 백종현 외, 민음사, 2018, 37쪽) '계시로서의 진리'는 '진리'를 의미하는 그리스어 'alētheia'의 어원을 거슬러올라가 '진리'를 존재 그 자체가 훼손되지 않는 것으로 해석하고, 존재의 드러남 혹은 계시의 순간으로 진리의 개념을 정립한 하이데거의 진리를 의미한다.

9 오스틴의 화행이론에서 진위진술적 발화와 행위수행적 발화 및 그 차이에 대해서는 다음을 참조하라: J. L. Austin, *How to Do Things with Words*(second edition), edited by J. O. Urmson and Marina Sbisa, Oxford University Press, 1976, pp. 1~11, pp. 94~108.

10 데리다는 원문에서 Lumières(프랑스어)-Aufklärung(독일어)-Enlightenment(영어)-Illuminismo(이탈리아어)-Ilustración(스페인어)로 강조차 나열해 표기하고 있다. 모두 '계몽啓蒙'과 '빛'을 뜻

한다. 여기서 '빛'은 봉건적 구습, 무지와 미신을 타파하고 과학적 지식과 비판적 정신을 보급하고 이를 교육시켜, 인간의 존엄을 자각하게 해줄 '이성'을 의미한다.

11 데리다는 일관되게 인문학·인간성·인본주의의 가치를 동시에 묻고자 시도한다. 문헌학적 실증주의적 전기적 연구를 중시했던 인문학 개념을 비판하면서 '과학'을 지향하며 (특히 프랑스에서 구조주의 이후) 사용되어온 '인문과학science humaine'이라는 용어를 사용하지 않는다. 이는 '인문과학'이 '진리'의 도래, 그 도래 가능성, 도래의 불가능성에 대한 사유를 수행하는 발화들이 아니라, 진리를 객관성의 잣대에 붙잡고 고정시키는 '진위진술적 발화'의 소산일 수 있다는 판단 때문일 것이다. 데리다는 'humanité(인간성·인본주의)'의 복수형에 대문자로 표기한 'Humanités(인문학)'라는 개념을 사용한다.

12 'cosmos'는 고대 그리스에서 일반적으로 '질서를 지닌 닫힌 세계'를 의미하며 '혼돈'을 뜻하는 카오스와 대립한다. 'univers'는 '전체'를 뜻하는 라틴어 'ūniversum'에서 파생했으며, 온 세계와 모든 천체를 포함한 '우주(공간)'를 의미한다. 저자가 강조해서 여러 언어로 쓴 'monde·world·Welt·mundus'는 각각 프랑스어·영어·독일어·라틴어로 '세계'를 의미한다.

13 'déconstruction'은 주로 '해체'로 번역되어왔다. 그러나 이 '해체'가 "무너뜨리고 철거하고 더 나아가 제거한다는 부정적인 의미만을 담고 있는 데 반해" 데리다의 개념은 "기존의 형이상학적 지배질서를 해체하고 무너뜨리는 것을 넘어, 본질주의적이고 동일성 중심적이고 위계적인 기존의 질서를 되풀이하지 않는 새로운 관계 내지 짜임새를 형성하려는 노력, 곧 새로운 지배질서를 구축하지 않으려는 운동으로서의 탈구축 운동을 아우르는 개념"이다.(진태원,

「탈구축, 차이, 유령론: 세 개의 키워드로 읽는 데리다」, 『처음 읽는
프랑스 현대철학』, 철학아카데미 편, 동녘출판사, 2013, 312쪽 참조)

14 '모든 것을 공적으로 말할 권리'는, 우선 칸트의 계몽사상의 주
요 개념인 "어떤 사람이 한 사람의 지식인으로서 독자 대중 앞에
서 이성을 사용하는" 것을 의미하는 "이성의 공적 사용"과 연관된
다.(임마누엘 칸트, 「계몽이란 무엇인가에 대한 답변」, 『칸트의 역
사철학』, 이한구 편역, 서광사, 2009, 16쪽) 그것은 "근무중의 장교
가 상관으로부터 어떤 명령을 받고 그 명령이 적합한지 혹은 유
용한지에 관해 시끄럽게 논의"하는 것이 아니라, "그가 한 사람의
지식인으로서 병역 의무가 안고 있는 결점을 비판하고 이것을 대
중의 판단에 호소하는 것"(같은 곳), 즉 공적 이성을 자각한 상태
에서 자신의 사적 입장을 넘어서 보편적 시점에서 이성을 공적
으로 사용할 수 있는 능력을 의미한다. 데리다가 언급한 "모든 것
을 공적으로 말할 권리"는 "철학에 대한 관심이란(만약 그런 것이
있다면), 그 자체에, 그 자체에 있어, 어떠한 한계도 존재하지 않
는다는 것을 긍정하는 것"과도 관련되며, "만약 그러한 것이 있다
면, 이러한 긍정은 무조건적인 것"(Jacques Derrida, *Du droit à la
philosophie*, Galilée, 1990, 257쪽)이 되어야 한다고 언급한, 철학
과 철학적 사유의 전개에 전제되어야 하는 무조건적인 자유뿐만
아니라, 문학이나 허구의 권리에도 관계된다. '모든 것을 말할 권
리'는 데리다가 블랑쇼가 「봉기, 에크리튀르라는 광기」에서 다룬
사드 고유의 에크리튀르가 지닌 광기와 힘에 주목하며, "모든 것
을 말하지 않으면 안 된다. 수많은 자유 가운데에서도 최고의 자
유는 모든 것을 말할 자유"(Maurice Blanchot, *L'entretien infini*,
Gallimard, 1969, 327쪽)라고 갈무리하며, 말 자체의 자유에서 취
해지는 에너지를 환기했던 것에 영향받은 것이라 할 수 있다. 물

론 이는 아무것이나 자유롭게 말하는 행위의 가치를 두둔한 것이 아니라, '모든 것을 말하는 것'이 자유의 조건이며, 갱신되어 주어질 자유의 가능성이자 그 조건이라는 의미에서다. 데리다에게 '모든 것을 공적으로 말할 권리'는 대학에서 흔히 보장된다고 말하는 '절대적 학문의 자유'와 반드시 일치하지는 않는데, 이는 전자가 대학이 독립적 주권을 강조하는 '절대적 학문의 자유'임에 비해 '모든 것을 공적으로 말할 권리'는 대학 자체의 고유성·임무·소명에 관한 물음과도 관련이 있기 때문이다. 데리다는 '대학'의 중요성을 강조하고, 인문학이 탈구축되는 공간이자 '모든 것을 공적으로 말할 권리'의 주요한 공간으로 인식하고 있으나, 그에게 대학, 우리가 흔히 말하는 제도권 대학이 탈구축의 유일한 장소는 아니다. '조건 없는 대학'은 대학에서 인정되어야 할 '절대적이고 독립적인 주권'이지만, 대학으로부터 대학 밖으로 나아가며, 대학의 내부와 외부의 기존 관계를 변형시킨다. 탈구축의 힘, 무조건적인 저항의 원리는 "대학 스스로가 동시에 **고찰하고 고안하고 제기해야 하는** 어떤 법-권리"(본문 18쪽)다.

15 "제4차 라테라노공의회(1215)에서 연중 고해성사에 대해 규정했는데, 이후 실용적이면서도 완전히 법률적이지 않은 고해성사 문제 총서Summa Confessionalis가 필요"했으며, 연간 1회 고백 의무가 신도 전원을 대상으로 제도화되었다. 이에 따라 "도미니코회와 프란치스코회라는 두 탁발 수도회의 영향 아래서 고해성사 문제 총서들은 『숨마 아스테사나Summa Astesana』와 같이 체계적이거나 『숨마 피사나Summa Pisana』와 같이 알파벳 순서로 설명하는 형식"으로 만들어지게 된다.(한동일, 『법으로 읽는 유럽사: 세계의 기원, 서양 법의 근저에는 무엇이 있는가』, 글항아리, 2018, 183~184쪽)

16 『아스테사나 대전』은 프란치스코회의 신학자이자 교회법 제정자

아스테사누스 데 아스트(Astesanus de Ast, ?~1330)가 집필했다.

17 프랑스어 'droit'는 '곧음'을 뜻하는 라틴어 'directum'에서 유래했으며, '법'이나 '권리' 외에 '옳음'도 의미한다. '법'은 한편으로는 세상 만물을 지배하는 '법칙'이라는 의미로, 다른 한편으로는 인간 사회를 지배하는 '법률'이라는 의미로 쓰인다. '법'의 그리스어 어원은 'νόμος(노모스)'다. 이는 법률이나 법칙·규범을 의미하며, 영어 단어 중에서 학문을 의미하는 단어들의 접미사(예를 들어 economy, astronomy)나 법 또는 법률과 관련된 단어들의 접두사(예를 들어 nomography, nomocracy)에 그 흔적이 남아 있다. '법'의 라틴어 어원은 두 가지로 나뉜다. 첫번째는 ius이며, '권리'와 '규범'을 동시에 의미한다. '유스'의 형용사 '유스투스iustus'에서 '유스티티아iustitia'가 유래하였는데, 이것이 '정의'를 의미하는 'justice'가 되었다. 두번째는 'lex(렉스)'이며, 이는 로마 시민들로 구성된 민회에서 제정된 법률을 의미하였다. '법·규칙' 등을 뜻하는 프랑스어 'loi'가 여기서 비롯되었다. 이 단어는 '권리'라는 의미로는 쓰이지 않고, 객관적으로 존재하는 실정법만을 의미했다. 프랑스어 원문은 "Cette loi, ce droit fondé sur une justice qui le depasse"이다. 'loi'는 주로 '법'으로, 'droit'는 '법-권리'로 번역하였다.

18 프랑스어 'métier'는 라틴어 'ministerum'에서 나왔으며, '봉사service'나 '직무office'를 의미하였다. 중세에는 'mestier'로 표기되어 '신에게의 봉사'를, 16세기에 들어와 '직무, 제례cérémonie, 임무ministère'로 분화되어 사용되기 시작하였다. 'profession'이 종교적이며 소명을 갖고 임하는 '직업', 신의 소명에 근거하여 배정된 임무라는 의미를 갖고 있다면, 'métier'는 세속적이며 경제적인 일 또는 생계를 꾸리기 위한 생업이나 노동 등의 함의를 갖는다.(Oscar Bloch·Walther von Wartburg, 같은 책, 406쪽)

19 'le virtuel'의 번역어. 형용사 'virtuel'은 '잠재적' 즉 지금까지 현실화되지 않은 무엇, 그리고 '가상적' 즉 현실에는 존재하지 않지만 컴퓨터상에서 구축된 무엇, 즉 가상현실화된 무엇 등을 의미한다. 명사 'le virtuel'은 '가상현실적인 것'으로, 'virtualisation'은 '가상현실화'로, 'virtualité'는 '가상성'으로 옮겼다.

20 데리다는 이 단어를 '싸움터·전장·전쟁터' 등을 의미하는 독일어 'Kampfplatz'로 표기했다. 이는 칸트의 형이상학 개념의 특성을 염두에 두었기 때문이다. 칸트는 『순수이성비판』 제2판의 서문에서 이렇게 언급한다. "형이상학은, 전적으로 경험의 가르침을 무시하는, 그것도 (수학처럼 개념을 직관에 적용함으로써가 아니라) 순전히 개념만으로써, 그러니까 이성 자신이 그 자신의 생도여야만 하는 곳에서 경험의 가르침을 무시하는 완전히 격리된 사변적 이성 인식으로서, 이제껏 학문의 안전한 길을 걸을 수 있을 만큼 그렇게 좋은 운을 얻지 못했다. 형이상학은 다른 어느 학문보다 오래되었고, 여타의 학문들이 모두 모든 것을 말살하는 야만의 목구멍에 완전히 삼켜져 넘어가버린다 할지라도 여전히 남을 것임에도 불구하고 사정이 그러하다. 왜냐하면 형이상학에서 이성은 가장 평범한 경험조차도 확인하는 법칙들을 (참칭하는 대로) 선험적으로 통찰하고자 할 때마저도 계속해서 궁지에 빠지기 때문이다. 형이상학에서 사람들은 수도 없이 가던 길을 되돌아올 수밖에 없는데, 그것은 그들이 원하는 곳까지 나아갈 수 없음을 발견하기 때문이다. 그리고 형이상학의 추종자들의 주장들의 일치에 관해서 말하자면, 그것은 일치와는 거리가 너무 멀어서 형이상학은 오히려 하나의 **싸움터**Kampfplatz다. 이 싸움터는 전적으로 본래 모조 전터에서 자기 힘들을 연습하게끔 정해져 있는 곳으로 보이거니와, 거기서는 아직 어느 전사戰士도 최소한의 땅이나마 싸워서 빼앗아

갖지 못했고, 어느 전사도 승리를 기반으로 해 영구적인 점유를 확립할 수 없었다. 그러므로 의심의 여지가 없는 것은, 형이상학의 수행방식은 이제까지 한낱 더듬거리며 헤매다니는 것이었고, 그것도 아주 나쁜 것은 순전한 개념들 가운데서 그리하고 있다는 사실이다."(임마누엘 칸트, 『순수이성비판 1』, 백종현 옮김, 아카넷, 2006, 181쪽, 강조는 인용자)

21 '전쟁터·싸움터·전장'을 뜻하는 프랑스어는 'champ de bataille'다. 데리다는 (대학) '캠퍼스'를 뜻하는 프랑스어 'campus'가 '장場·터·영역' 등을 뜻하는 프랑스어 'champ'('전장'의 '장')과 동일한 의미를 갖는다는 점을 살려내고 있다.

22 'l'avoir-lieu'의 번역어. 프랑스어 'avoir lieu'는 '(일 등이) 생겨나다, 일어나다' '(행사 등이) 개최되다'라는 의미를 지닌다. 데리다는 대학, 특히 '인문학'이라는 장場, 혹은 '장소'가 어떻게 사건의 도래 가능성의 장소가 될 수 있는가를 묻는다. 이와 같은 의미를 살리기 위해 '장소-갖기'로 번역했다.

23 데리다가 독일어 원문을 인용하고 프랑스어로 번역하여 제시한 이 대목은, 칸트의 다음 글에서 등장한다: "자연의 합목적성이라는 이 초월적 개념은 자연 개념도 아니고 자유 개념도 아니다. 그것은 객관(자연)에게 전혀 아무런 것도 부가하지 않고, 단지 우리가 자연의 대상들에 대한 반성에서 일관적으로 연관된 경험을 의도하여 처신할 수밖에 없는 유일한 방식을 표상할 따름이다. 그렇기에 그것은 판단력의 주관적 원리(준칙)이다. 그래서 우리는 또한 우리가 한낱 경험적인 법칙들 중에서 그러한 체계적 통일성을 만난다면, 마치 그것이 운좋은, 우리의 의도를 살려주는 우연이나 되는 것처럼 (원래 하나의 필요가 충족된 것으로) 기뻐하게 된다. 비록 우리는 그러한 통일성을 통찰할 수도 증명할 수도 없었지만, 그러한 통일

성이 있다고 팔연적으로 상정하지 않을 수 없었음에도 불구하고 말이다."(임마누엘 칸트, 『판단력비판』, 백종현 옮김, 아카넷, 2009, 169~170쪽, 굵은 표시는 인용자) 데리다가 여기서 언급한 '반성적 판단력'은 칸트에게 '규정적 판단력'과 대치되는 판단력이다. 이 두 가지 판단력에 대해 칸트는 이렇게 규정한다. "판단력 일반은 특수한 것을 보편적인 것 아래에 함유되어 있는 것으로 사고하는 능력"이며, "보편적인 것(규칙·원리·법칙)이 주어져 있다면, 특수한 것을 그 아래에 포섭하는 판단력은…… 규정적"인 한편, "특수한 것만이 주어져 있고, 판단력이 그를 위한 보편적인 것을 발견해야만 한다면 그 판단력은 순전히 반성적"이다.(같은 책, 162쪽) 보편적 판단력은 "지성이 세운 보편적인 초월적 법칙들 아래"서 "단지 포섭작용만"을 하며 "법칙이 규정적 판단력에 선험적으로 지시되어 있으므로 규정적 판단력은 자연 안의 특수한 것을 보편적인 것 아래 종속시킬 수 있기 위한 법칙을 독자적으로 고안할 필요가 없"는 반면(같은 책, 163쪽), 이와는 달리 "자연 안에 있는 특수한 것으로부터 보편적인 것으로 올라가야 하는 임무를 갖는 반성적 판단력은 하나의 원리"를 갖는다. 또한 반성적 판단력의 "이 원리는 다음과 같은 것일 수밖에 없다. 즉 보편적 자연법칙들은 그것들의 근거를, 그 자연법칙들을 자연에서…… 지정하는 우리의 지성에서 가지므로, 특수한 경험적 법칙들은, 저 보편적 자연법칙에 의해서 규정되지 않은 채 남아 있는 것과 관련하여, 마치 어떤 지성이(비록 우리 인간의 지성은 아닐지라도) 특수한 자연법칙들에 따라 경험 체계를 가능하게 만들기 위해서 우리의 인식능력을 위해 부여한 것 같은, 그러한 통일성에 따라 고찰되어야만 한다는 것이다. 그러나 이런 식으로 실제로 그러한 지성이 상정되어야만 하는 것은 아니다. (왜냐하면 이 이념이 원리로 쓰이는 것은 단지 반성적 판단력으로, 그것은 반성을 위해 쓰이는 것이지, 규정을 위해 쓰이는 것이 아니기 때문이다.) 오히려 이 능력(반성적 판단력)은 그로써 단지 자기 자신의 법칙을 수립하는 것이지, 자연에서 수립하는 것은 아니다."(같은 책, 164쪽)

24 "칸트에게 취향(취미·기호)은 우리로 하여금 하나의 사물이나 예술작품을 아름답다고 결정하게 해주는 판단능력이다. 이 능력은 각자의 감각에 의존하기에 주관적이지만 보편적 가치와 소통 가능성을 전제할 때, 객관성의 영역을 넘본다. 감각의 차원에서 각자의 취향은 말할 것도 없이 서로 상이하다. 따라서 거기에는 아름답거나 그 반대의 경우를, 개념에 의해 결정지을 객관적 규범이 존재할 수 없다. 각각의 감각에서 보편을 찾는 것은 칸트가 보기에도 이렇게 모순된다. "무엇이 아름다운가를 개념들에 의해 규정하는, 객관적인 취미규칙은 있을 수 없다. 왜냐하면 이 원천으로부터의 모든 판단은 미감적이니 말이다. 다시 말해 객관의 개념이 아니라, 주관의 감정이 그 판단의 규정근거이니 말이다. 미의 보편적인 표준을 일정한 개념들에 의해 제시해줄 취미의 원리를 찾는 것은 성과 없는 헛수고다. 왜냐하면 찾고자 하는 것은 불가능한 것이고 그 자체가 모순적인 것이기 때문이다."(임마누엘 칸트, 『판단력 비판』, 231쪽) 그러나 칸트는 모순에 만족하지 않았다. 취향에서, 개념(선험적 인식)의 개입 없이도 이루어지는 보편적이고 공통적인 소통의 한 방식이 생겨날 가능성을 엿보았기 때문이다. 칸트는 "모든 사람에게 공통적인 깊이 숨어 있는 근거로부터, 사례들을 통해 확증된 취미가 유래하는 것임을 보여주는, 많이 미약하고 그러한 추측을 하기에는 불충분하기는 하지만, 경험적 표준"이라고 말한다. 취향의 판단은, 칸트에 따르자면, 따라서 자의적이지만은 않은데, 그것은 "개념들에 의해서가 아니라 단지 감정에 의해서, 그러

면서도 보편타당하게 무엇이 적의하고 무엇이 부적의한가를 규정하는, 하나의 주관 원리를 가진 것이 틀림없"기 때문이며(같은 책, 239~240쪽), 칸트는 이 '주관 원리'를 '공통감'이라는 말로 정의한다. 예컨대 취미판단을 수행하는 것은 각각의 주관적인 감각이지만, 주관적인 감각들을 꿰뚫어 일자로 관통하는 필연적이고 보편타당한 원리가 존재하며, 이것이 바로 공통감이라는 것이다. 공통감은 따라서 개별 경험에 우선하지만, **후험적**a posteriori인 것이 아니라 개별 경험과 교집합을 이루는(혹은 아우르는) 선험적a priori 특성을 전제한다. 공통감은 취미판단 이전에 우리가 벌써 갖고 있으며, 선험적이고 잠재적으로 우리의 심리 안에 내재한 능력이며, 사람들이(을) 모두 동의하는(게 만드는) 판단능력인 것이다."(조재룡, 「취미기준론 유감」, 『시는 주사위 놀이를 하지 않는다』, 문학동네, 2015, 108~109쪽)

25 라틴어 profíteor(동사)/proféssus(명사)는 pro(앞에서)와 fáteor(고백하다)의 합성어에서 나온 말.

26 "12 우리는 때로 언필칭 철학자들 가운데 천박하게 스스로를 과시하는 꼴을 보노라면 저런 자들은 차라리 철학을 배우지 말았어야 한다는 생각이 드는 철학자들을, 때로 돈에 환장하여 욕심을 부리는 철학자들을, 때로 명예욕이 대단한 일부 철학자들을, 때로 욕망의 노예가 된 많은 철학자들을 만나게 됩니다. 이로써 그들의 가르침이 삶과 완전히 유리된 모습을 보여주는데, 바로 이 점을 가장 추악하다고 생각합니다. 이는 **마치 스스로를 문법학자라고 떠들고 다니는 사람**이 바르지 못한 말을 쓰는 형국이며, 또는 스스로가 음악가로 대우받길 원하는 사람이 노래를 어처구니없이 부르는 꼴입니다. 자신이 잘 알고 있는 문제라고 자랑하다가 정작 바로 그 문제를 틀린다면 그것보다 창피한 것이 없는 법인데, 이와 같이 철학자

가 삶에서 이성을 벗어나는 일을 저지른다면 참으로 무엇보다 추악한 일입니다. 의무를 가르치는 선생이길 원하는 사람이 의무를 소홀히 하고, 사람이 사는 법을 가르치는 선생이 삶에서 이를 지키지 않으니 말입니다."(키케로, 『투스쿨룸 대화』, 김남우 옮김, 아카넷, 2014, 155쪽. 고딕체 강조는 인용자)

27 merces. 라틴어로 '품삯·임금·보수·봉급·급료' 등을 뜻한다.

28 "미적 기예에 대해서는 단지 수법方式만이 있고, 교수법方法은 없다. 장인은 도제가 무엇을 어떻게 이루어내야 하는가를 시범을 보이지 않으면 안 된다. 그리고 장인이 그 아래에서 최종적으로 자기의 수행절차를 밟은 일반적 규칙들은 도제를 지시규정한다기보다는 오히려 그 수행절차의 주요한 계기들을 그때그때 상기시켜주는 데 쓰일 수 있다."(임마누엘 칸트, 「취미의 방법론에 대하여」, 『판단력비판』, 404쪽)

29 "미적 기예의 완전성의 최고도가 목표인 한, 모든 미적 기예를 위한 예비학은 지시규정들에 있는 것이 아니라, 사람들이 인문(간)적人文(間)的 교양敎養이라 부르는 소양에 의해 마음의 능력들을 교화하는 데 있는 것으로 보인다. 추측하건대 인문(간)성은 한편으로는 보편적인 참여의 감정을, 다른 한편으로는 자기 자신을 가장 진솔하게 그리고 보편적으로 전달할 수 있는 능력을 의미하기 때문이다."(같은 책, 405쪽) "인문(간)성"에 대해 백종현은 "원어: humaniora. '人文'을 어원 그대로 '인간의 무늬紋, 곧 인간을 인간이도록 하는 것으로 이해할 때 인문적인 것은 인간적인 것(의 핵심)이고, 그런 이해애서 인문성은 곧 인간성이다"라고 설명한다.(같은 책, 405쪽)

30 면역은 생체가 병원체로부터 자신을 지키려고 저항력을 획득하는 현상을 말한다. "면역반응은 외부 항원에 맞서 항체를 생산함으로

써 자기 신체의 무손성을 방어"하면서, '자기'와 '비자기'를 구별하고, '비자기'에서 '자기'를 지켜내는 생리적 기능이다. 생체를 지키기 위한 면역이, 반대로 생체의 건전한 세포나 조직에 과잉 반응하여 저항을 증가시키는 것을 '자가-면역auto-immunité'이라고 한다. '자가면역과정'은 "살아 있는 유기체가 요컨대 자신의 고유한 면역 방어체계를 파괴하면서 자기 보호에 맞서 자기 자신을 방어하는 것"이며, "이러한 항체 현상이 병리학의 광범위한 영역에 퍼져 있고, 오늘날 거부 기제를 제한하고, 몇몇 이식 기관의 내성을 촉진시키려는 용도로 마련된 면역억제제의 긍정적 효능에 점점 더 의존하고 있기 때문"에, 데리다는 "이러한 확장에 기대어 일종의 자가면역의 일반 논리학을 이야기"해야 한다고 말한다. 그리고 이 '자가면역 논리'는, 데리다가 볼 때, "오늘날 신앙과 지식, 종교와 과학의 관계를 일반적인 원천의 이중성으로서 사유하기 위해 필요 불가결한 것"이다.(자크 데리다, 『신앙과 지식/세기와 용서』, 신정아·최용호 옮김, 아카넷, 2016, 206쪽, 각주 23) 데리다는 명확한 구별 없이 자기와 타자의 경계선에서 생겨나는 자기방위와 자기파괴의 이중운동을 탈구축이론에 입각해서 기술하면서, 90년대 중반 이후 '면역'이나 '자가면역' 개념을 자주 사용한다. 이와 관련하여 특히 "9·11"이라는 "대사건"과 연관시켜 설명하고 있다.(지오반나 보라도리, 『데리다와의 대화: 자가-면역. 실재적이고 상징적인 자살』, 『테러 시대의 철학: 하버마스, 데리다와의 대화』, 손철성·김은주·김준성 옮김, 문학과지성사, 2004)

31 프랑스어 faire(실행하다)=독일어 tun(행하다)=라틴어 facere(만들다·하다/facio의 부정사).

32 프랑스어 agir(행동하다)=독일어 handeln(행동하다).

33 프랑스어 effectuer(수행하다)=독일어 wirken(미치다·수행하다)=

라틴어 agere(하다·행동하다).

34 프랑스어 œuvre(작품)=독일어 Werk(작품·저작물·창작물)=라틴어 opus(일·작업·노동).

35 프랑스어 produit(생산물·제품·산물)=독일어 produkt(산물·제품·제작품).

36 프랑스어 effet(작용·효과)=독일어 Wirkung(활동·작용)=라틴어 effectus(효과·실효).

37 "1. 행함이 작동이나 작용 일반과 구별되듯이, 기예는 자연과 구별되며, 기예의 산물 내지 귀결은 작품으로서, 작용 결과인 자연의 것과 구별된다."(임마누엘 칸트, 『판단력비판』, 332쪽)

38 프랑스어 métier(일·수공)=독일어 Handwerke(수공·수공업). 이에 관해서는 각주 18번 참조.

39 freie kunst(독일어)/art libéral(프랑스어). 이 말은 '보수를 받지 않는 자유로운 기술·예술'을 뜻하는데, 이후 대학에서 '교양'을 가리키는 말이 되었다.

40 "3. 기예는 또한 수공手工과도 구별된다. 전자는 자유로운 기예라고 일컫고, 후자는 노임勞賃 기예라고 일컬을 수 있다. 사람들은 전자를 마치 그것이 단지 유희로서, 다시 말해 그 자신만으로 쾌적한 작업으로서 합목적적으로 성과를 거둘(성공할) 수 있는 것처럼 보고, 후자는 그것이 노동으로서, 다시 말해 그 자신만으로는 쾌적하지 못하고(수고스럽고) 오직 그것의 결과(예컨대 노임)로 인해 유혹적인 작업으로서, 그러니까 강제적으로 부과될 수 있는 것으로 본다…… 모든 자유로운 기예들에도 어떤 강제적인 것 내지는, 사람들이 그렇게 부르듯이, 어떤 기계성이 필요하며, 이 기계성이 없으면 기예에서는, 자유로워야만 하고 그럴 때에만 작품에 생기를 불어넣는 정신이 전혀 아무런 형체를 가지지 못하고 전적으

로 증발해버릴 것이라는 점—예컨대, 시예술에서의 언어의 정확성, 언어의 풍부성 및 음운과 운율—을 상기시키는 것은 쓸데없는 일이 아니다. 최근의 많은 교육자가 자유로운 기예에서는 모든 강제를 제거하고, 그것을 노동에서 순전한 유희로 변환시킬 때, 가장 잘 촉진할 수 있다고 믿고 있으니 말이다."(임마누엘 칸트, 『판단력비판』, 334쪽)

41 '일하다'를 뜻하는 프랑스어 동사 'travailler'의 어원은 '괴롭히다, 고통을 주다, 고문하다'를 뜻하는 'tripaliare'이며, 명사형 'tripalium'은 '세 개의 봉으로 찌르는 고문도구'라는 뜻이 있다. 영어 'work(노동·일·작품)'나 'labor(뼈를 깎는 노동)', 독일어 'werk(일·작업·작품)' 'arbeit(일반적인 노동·일)' 등, 어느 쪽이나 '노동-일'을 의미하지만, 노동성과에 역점을 두는지 또는 정신적 육체적 고통이 따르는 행위를 강조하는지에 따라 그 의미가 다소 달라진다.(Oscar Bloch·Walther von Wartburg, *Dictionnaire étymologique de la langue française*, 646쪽 참조)

42 창세기 3장 19절: "네가 흙으로 돌아갈 때까지 얼굴에 땀을 흘려야 먹을 것을 먹으리니 네가 그것에서 취함을 입었음이라 너는 흙이니 흙으로 돌아갈 것이니라 하시니라."

43 임마누엘 칸트, 『이성의 한계 안에서의 종교』, 백종현 옮김, 2015. 제2논고, 제1절, 다) 「이 이념의 실재성에 대한 난문들과 그 해결」, 268~269쪽의 주석: "'단죄받을 것이 없는'(「로마서」 8, 1: "이제 예수 그리스도 안에 있는 이들에게는 아무런 단죄가 없습니다") 또는 그럴 필요가 없는 그런 사람이 자신은 의롭게 되었다고 믿고, 그러면서도 점점 더 커지는 선으로의 도상에서 그가 부딪히는 고통을 언제나 벌받은 것으로 자기에게 귀책시키며, 그러므로 이를 통해 자기가 벌받을 만함을, 그러니까 또한 신에게 부적의한 마음

씨를 가지고 있음을 고백할 수 있을까? 그렇다. 그러나 오직 그가 연속적으로 벗어버리는 그 인간의 질에서만 그러하다. 그에게 저 질에서(즉 옛 인간의 질에서) 합당하게 주어진 것일 터인 것, (그리고 삶 일반의 고통과 화인바) 그것을 그는 새로운 인간의 질에서 기쁘게, 순전히 선을 위하여, 감당한다. 따라서 그것들은 그러한 한에서 그리고 새로운 인간으로서의 그에게 형벌로서 귀책되는 것이 아니라, 오히려 그 ('형벌'이라는) 표현이 말하고자 하는 바는 단지, 그가 부딪쳐야 하는 모든 화와 고통은 그 옛 인간이 형벌로서 자신에게 귀책시켜야만 했던 것으로서, 그는 그것들을 또한, 그가 옛 인간에서 사멸하는 한에서, 실제로 형벌로서 자신에게 귀책시킨다는 것이다. 그리고 그는 이 화와 고통을 새로운 인간의 질에 있어서는 선을 향한 그의 마음씨의 시험과 훈련을 위한 계기로 기꺼이 받아들인다는 것이다. 저 처벌은 이러한 일의 결과이자 동시에 원인인 것이며, 그러니까 또한 그의 선에서의 진보—그것은 악에서 떠나는 것과 하나의 행위다—에 대한 의식에서의 만족과 도덕적 행복의 결과이자 원인인 것이다."(고딕체 강조와 원문은 인용자)

44 아우구스티누스는 『신국론』 제22권의 마지막 제30장 「하느님의 나라에서 영원한 행복과 안식을」에서 각각의 시대와 날들을 세고 시대를 구분한다. 아담에서 대홍수까지가 제1일, 아브라함의 출현까지 제2일, 아우구스티누스 자신이 살았던 시대는 제6일이며, 이후 신은 안식에 들어가고, 그렇게 제7일의 시대가 도래한다. 제7일은 인간에게는 안식일이며 휴식은 끝나지 않는다. 자신의 위업을 성취한 신은 이후, '끝없는 끝에서in fine sine fine' 영원한 안식의 제8일을 시작한다.(아우스티누스, 『신국론 II』, 추인해·추적현 번역, 동서문화사, 2016, 1278~1282쪽 참조)

45 로마의 지성인들은 스토아주의나 에피쿠로스주의 등 헬레니즘 철

학체계를 수용했으며, 바울은 이러한 학문적 경향에 영향받았다. 바울은 유대교에서 기독교로 개종 이후 그리스도의 속죄와 구속사역 등 복음을 통해 종교적으로 혼란한 상황에 대처하려 했다. 바울은 해방된 공동체, 차별 없고 평등한 공동체를 꿈꾸었다. 바울이 말하는 에클레시아(민회)는 "사회적 불평등이 아닌 연대와 상호 지원"에 기초해 있다. 천막 노동자 바울은 "스스로 자신의 작업장에서 다른 장인들과 함께 일했으며, 그곳에서 복음"(카렌 암스트롱, 『카렌 암스트롱의 바울 다시 읽기』, 정호영 옮김, 훗, 2017, 134쪽)을 전파했으며, 노동과 설교를 함께 수행했던 삶을 살았다. 바울과 그노시스, 그노시스주의에 관해서는 다음을 참조하라: 야콥 타우베스, 『바울의 정치신학』, 조효원 옮김, 그린비, 2012; 에른스트 블로흐, 『저항과 반역의 기독교』, 박설호 옮김, 열린책들, 2009.

46 신들이 인간의 삶을 포함한 우주에 질서를 부여한 '원시간Urzeit'이다. 엘리아데는 '이 시간' '이때'를 '신화적 시간'이라 부른다.(미르치아 엘리아데, 『종교형태론』, 이은봉 옮김, 한길사, 1996, 이 책의 제11장과 제12장 참조)

47 인용 순서대로 영어 원문은 각각 "The new information and telecommunication technologies have the potential to both liberate and destabilize civilization"과 "The Third Industrial Revolution is a powerful force for good and evil"이다.(Jeremy Rifkin, 같은 책, 49쪽)

48 "Fewer and fewer workers will be needed to produce the goods and services for the global population", 같은 책, 46쪽.

49 "*The End of Work* examines the technological innovations and market-directed forces that are moving us to the edge of a

near workerless world", 같은 책, 46쪽.

50 블라디미르 일리치 레닌, 『국가와 혁명: 마르크스주의 국가론과 혁명에서 프롤레타리아트의 임무』, 문성원·안규남 옮김, 돌베개, 2015.

51 에른스트 윙거는 『총동원*Die totale Mobilmachung*』(1930)에서 제1차세계대전을 총동원 전쟁으로 간주하며 "기술문명을 긍정적으로 보면서 기술문명에서 행해지는 노동과 전쟁에서 힘에의 의지를 고양시킬 수 있는 기회"를 보았다.(박찬국, 「하이데거의 니체 해석과 에른스트 융거」, 『존재론 연구』(제29집), 2012, 98쪽) 그는 『노동자*Der Arbeiter*』(1932)에서 병사·노동자·학생의 총동원을 주장했다.

52 제러미 리프킨, 『노동의 종말』, 이영호 옮김, 민음사, 1996, 292쪽.

53 같은 곳.

54 같은 곳.

55 같은 곳.

56 같은 책, 293쪽.

57 같은 책, 292쪽.

58 제3부문the third sector은 "국가나 지방공공단체가 공공적 목적으로 행하는 사업(공공부문)과 민간기업이 영리 목적으로 행하는 사업(민간부문)의 중간에 위치하는 부문"을 말하며 "지역개발이나 도시경영 등을 위하여 국가 내지 지방공공단체와 민간기업이 공동출자하여 사업체를 설립하고 그것에 의해 민간의 자금과 능력을 공공적 목적의 사업에 동원하려고 하는 것"이다.(이철수, 『사회복지학 사전』, 혜민북스, 2013, 683쪽) 리프킨은 기술과 테크놀로지가 발전하면서, 시장경제의 역할이 축소되는 동시에 산업을 보호하는 정부의 역할도 계속 저하되고 있으며, 봉사활동 등에 의해 지역사회가 다시 활성화될 것으로 기대된다고 말한다.

59 제러미 리프킨, 같은 책, 292쪽.

60 '노동의 권리'는 노동에 종사하는 자가 노동에 대해 갖는 권리이며, '노동할 권리'는 이런저런 이유나 환경·상황 때문에 노동에 종사하지 않거나 종사할 수 없는 자가 노동에 대해 갖는 권리다.

61 피에르 아벨라르(페트루스 아벨라르두스: 1079~1142)는 중세 프랑스의 신학자이자 철학자다. 아벨라르는 "1079년 낭트 인근 르 팔레라는 곳"에서 태어났으며 "화폐경제가 시작되면서부터 생활이 어려워진 소귀족계급"에 속했다. 그는 "군인이 되는 일을 기꺼이 형제들에게 넘겨주고 자신은 학업에 전념"하며 "변증법의 기사가 되려" 하였다.(자크 르 고프, 『중세의 지식인들』, 최애리 옮김, 동문선, 1999, 73쪽) 아벨라르는 변증론과 수사학을 샹포의 기욤에게 배웠고, 신학을 랑의 안셀무스에게 배웠지만, "파리의 가장 고명한 교사이던 샹포의 기욤을 공격"하고 비판하면서 이름이 알려지게 되었다. 당시 교회의 원칙과 권위에 대항하는 합리적인 대화의 원칙을 지지하였던 아벨라르는, 퓔베르가 교황에게 고발함으로써 이단 선고를 받기도 하는 등 우여곡절을 거친 후, 교단에서 신학과 논리학을 강의하게 되었다. 중세에서 성서의 주해와 해석에 기초한 교육과 전문적 연구는 수도원과 대성당에서 행해졌으나, 12세기 파리에서는 도시의 발달과 함께 문법·법률·의학 등과 연관된 사립학교가 창설되기 시작했다. 시테섬의 노트르담수도원, 센 좌안의 성주느비에브수도원의 관할 영지에 수많은 학교가 열렸고 그곳에서 진행되었던 아벨라르의 강의는 파리가 학문의 도시가 되는 역할을 했을 뿐만 아니라 12세기에 이르러 파리대학이 탄생하는 데 결정적인 영향을 끼쳤다.(Maurice Bayen, *Histoire des Universités*, P.U.F., 1973, 18쪽) 아벨라르는 "무엇보다도 먼저 논리학자였고, 모든 위대한 철학자가 그랬듯 그 역시 방법에서 출발"했

다.(자크 르 고프, 같은 책, 87쪽) 그는 교사를 '철학자'라 부르며 성
직자와 구별하였고, 스토아철학의 실천윤리를 기본으로 한 '모럴
리스트'의 이상을 제시하여 "그리스도교의 기본 성사聖事들 가운데
하나인 참회의 전제들을 뒤엎는 데 강력히 기여"(같은 책, 89쪽)했
으며, 전통적인 종교교육과는 다른 학문을 열었다.

62 "하나의 대학에는 또한 그러한 하나의 분과가 설립되어 있어야만
한다. 즉 하나의 철학부가 있어야만 한다. 세 개의 상위 학부들(신
학·법학·의학)과 관련하여 철학부는 그 상위 학부들을 검사하고
바로 그것을 통해 그들에게 유일가게 되는 일을 한다. 왜냐하면 학
식 일반의 본질적이고 첫번째 조건…… 진리가 모든 것의 관건이
고, 그렇지만 상위 학부들이 정부를 위해 약속하는 유용성은 단
지 두번째 순위의 한 계기일 뿐이기 때문이다…… 만약 사람들이
철학부를 쫓아내지만 않는다면, 또는 철학부의 입을 봉하지만 않
는다면, 순전히 모든 학문의 유익을 위해 진리를 찾아내고 그 진
리를 상위 학부들의 임의적인 사용을 위해 제시하도록 그저 자
유롭게 있겠다고 하는, 그러나 또한 자유롭게 놔두라고 하는 바
로 이 욕심 없음은 철학부를 무혐의한 것으로, 그뿐만 아니라 정
말 필수불가결한 것으로 정부에 추천할 수밖에 없다. 지금 철학부
는 두 가지 분과들을 포함하고 있다. 하나는 역사적 인식의 분과
이며(여기에는 역사Geschichte, 지리Erdbeshreibung, 학술언어지식
gelehrt Sprachkenntnis, 인문학Humanistik 등 경험적 인식에 의한
자연지식Naturkunde이 제공하는 모든 것이 함께 속하며), 다른 하
나는 순수한 이성인식의 분과(순수수학과 순수철학, 즉 자연과 윤
리의 형이상학)이고, 학식의 양 부분들은 서로 상호적인 관계 속
에 있다. 철학부는 바로 그 때문에 인간적인 앎의 모든 부분들에
까지(따라서 또한 역사적으로는 상위 학부들을 넘어서까지도) 그

영역이 미치며, 다만 철학부가 모든 것(즉 상위 학부의 고유한 교설들이나 명령[계율]들)을 내용으로 삼는다는 것이 아니라 학문들의 유익을 위한 의도에서 그것들을 검사와 비판 대상으로 삼는다는 것이다. 그러므로 철학부는 모든 교설을 그것들의 진리를 검사하기 위해 요구할 수 있다. 정부가 자신의 본래적이며 본질적인 의도를 거슬러 행하지 않는 한, 철학부는 이 정부로부터 하나의 금지처분Interdict을 받을 수 없고, 상위 학부들은 철학부가 공적으로 제기하는 이의들과 의심들을 감수해야만 하는데, 그들은 그러한 것을 물론 부담스럽게 여길지도 모른다. 왜냐하면 그러한 비판자 없이는 저 상위 학부들이 어떤 호칭 하에 있든지 간에 일단 차지하고 있는 그들의 점유상태에 방해받지 않고 머무를 수 있고 그때 또한 전제적으로 명령할 수 있을 것이기 때문이다."(임마누엘 칸트, 『학부들의 논쟁』, 오진석 옮김, 도서출판b, 2012, 41~43쪽)

63 12세기 초 파리대학이 생겨나자 "성직록과 급료 문제"가 가장 시급한 사안으로 떠올랐다. 수도원이나 대성당의 성직자들에게, 학문은 신神에게 속한 것이고, 따라서 지식은 무료로 제공되지 않으면 안 되는 것이었다. 그러나 "대학에 있는 성직자라도 모두 다 성직록의 수혜자는 아니었으므로 성직자가 아닌 교사나 교수는 생계의 어려움이 많았"고 "총장이나 학교 당국이 교원들을 '거저 받았으니 거저 주어라'라는 하나님의 말씀으로 설득하기는 어려웠." 신에게만 속해 있는 시간을 사용하여 이익을 얻는 고리대금업이 비난받았듯, 교사도 또한 학문을 팔고 있다는 오명을 성직자로부터 자주 뒤집어쓰곤 하였다. "인문학 교수와 신학·의학·법학 교수를 구분"하자고 제안한 쿠르송은, "윤리학과 신학의 경우는 정신영역에 속하는 것이므로 금전적 대가를 바라서는 안 되는 것으로 정의"한 반면, "인문학 교수의 경우 기초과목을 문법, 외국어 또는 기

하학과 수학으로 나누고 이들 과목에 대해서는 수업료를 받게 하는 것"을 골자로 삼아 그는 "인문학의 수업료를 농부가 김을 매고 받는 품삯에 비유"(서정복, 『소르본 대학』, 2005, 살림, 25~26쪽)하여 그것을 받도록 했다. 반면 12세기 이후, 학교와 교회의 대립을 통해서 교사가 보수받고 이에 값하는 노동자로 간주되게 되면서 학문의 세속화가 촉진되었다.

64 이는 데리다의 동물 개념 연구와 맞닿아 있다. "우선, 틀림없이 동물을 보고 관찰하고 분석하고 성찰했지만, 한 번도 동물에 의해 보여진다고 보이지 않았던 사람들이 서명한 텍스트가 있을 겁니다. 그들의 시선은 결코 그들에게 향하는 동물의 시선과 서로 얽힌 적이 없습니다(그들이 벗고 있었는지 아닌지는 제쳐둡시다). 그들이 어느 날 동물에 의해 몰래 보여지고 있음이 보인다고 해도, 그들은 그것에 대하여 어떤 (주제적 이론적 철학적) 설명도 하지 않았습니다. 그들은 한 동물이 그들을 마주하면서 옷을 입었건 벗었건 그들을 바라보고, 그리고 요컨대 아무런 말도 사용하지 않고 그들에게 말을 건다는 사실로부터 어떤 체계적인 결론을 끌어낼 수 없었거나 끌어내려고 하지 않았습니다. 그들은 그들이 '동물'이라고 부르는 것이 저 아래로부터, 완전히 다른 기원으로부터 그들을 바라보고 말을 걸 수 있다는 사실에 대하여 아무런 고려도 하지 않았습니다."(자크 데리다, 「동물, 그러니까 나인 동물」, 『문화과학』, 겨울 76호, 최성희·문성원 역, 문화과학사, 2013, 320~321쪽)

65 프랑스에서 국회나 지방자치단체의 의사결정에 참가하는 여성 수는 유럽에서도 낮은 편에 속했다. 정치참여의 불평등을 해소하고자 1992년 남녀 '동수성parité' 개념이 제기되었으며, 이는 여성과 남성의 수가 거의 같은 이상 정책 결정에 참여할 기본권도 동일하다는 사실에 근거한다. 1999년 헌법을 개정하면서 '국가는 여성의

정치참여를 진작하기 위해 적극적으로 노력할 수 있다'(제3조)라는 조항과 '이를 위해서 정당이 적극적으로 노력할 수 있다'(제4조)라는 조항을 통해 이를 명시했으며, 이후 '선거 기능 및 직무 관련한 평등한 여남 접근법'을 제정했다. 이 '동수법'에 근거하여 정당이나 정치단체는 공천시 남녀 후보를 동일한 비율로 추천해야 하며, 이를 어길시 벌금을 물거나 국고보조금 삭감 등 제재를 가하고 있다.(김민정, 「프랑스 남녀동수법과 양성평등」, 『젠더리뷰』, 2015, 봄호, 70~82쪽 참조)

66 '남녀동수론'과 관련하여 "인간성" "약속" "남성과 여성의 인간성" "주권", 주권에 대한 "남근적 이분법" 등에 관해서는 Jacques Derrida, "Mes 《humanité》 du dimanche", *Papier Machine* Galilée, 2001, 321~331쪽을 참조할 것.

67 데리다가 『우정의 정치들*Politiques de l'amitiés*』 제2장(「우정에 의해 사랑하기: 아마도─명사와 부사」(Galilée, 1994, 43~63쪽)에서 논한 '아마도에 관한 사유'에 대해서는 다음 책에 실린 진태원의 용어 해설을 참조하라: 자크 데리다, 『법의 힘』, 192~193쪽.

68 'als-ob(마치 ~인 것처럼 또는 마치 ~처럼)'은 한스 파이힝거 철학의 주된 개념이다. "파이힝거의 가장 중요한 저작은 『'마치 ~처럼'의 철학. 인간의 이론적 실천적 종교적 허구들의 체계』이며, 그 핵심 개념은 "허구Fiktion"이며 "이런 이유에서 그의 철학은 '허구주의Fiktionalismus'라고도 불린다. 허구란 일반적인 의미에서는 '고안, 꾸며냄, (순전한) 가정' 등을 뜻한다. 학문 영역에서 허구란, 그 자체로는 비개연적이거나 심지어 불가능하다고 생각됨에도 불구하고 보조 개념으로 사용되어 충분한 역할을 해내는 가정을 의미한다. 이러한 허구, 즉 의제를 가리키는 적절한 언어적 표현 중의 하나는 '마치 ~처럼'이라는 불변화사다. 그러나 의제가 '가설

Hypothese'과 혼동되어서는 안 된다. 가설도 그 궁극적 진리가치를 반드시 확신해야 할 필요는 없는 작업상의 가정이다. 그렇지만 가설의 경우, 우리는 이를 검증하고 경험 재료에 의해 '확인'할 수 있기를 기대한다. 다시 말해 그것이 참인지 거짓인지가 밝혀지기를 기대한다. 의제의 경우, 우리는 그런 것을 기대하지 않는다. 우리는 의제가 거짓이거나 최소한 모순적이라는 것을 애초부터 인지하고 있다. 그럼에도 불구하고 이를 사용하며 또 효과를 보는 것이다. 우리가 기억하고 있듯, 이미 칸트는 저작의 중요 부분에서 '마치 ~처럼'이라는 표현을 사용했다. 즉 그는 영혼·세계·신이라는 이성의 '규제적 이념'을 설명할 때 이 표현형식을 동원했다. 그런데 파이힝거는 이런 방법이 우리의 사유와 행동이 지닌 아주 다양한 영역에서 지속적으로 쓰이고 있다는 점을 발견한다. 예컨대 수학에서 무한소라는 개념은 완전히 모순적이지만 절대적으로 불가결한 개념이다. 자연과학·법학·국민경제학·역사학의 무수히 많은 다른 가정도 마찬가지다. 예를 들어 윤리학에서 거론되는 의지의 자유는 논리적으로는 무의미한 개념이지만 도덕적 법률적 질서의 불가결한 기초를 이룬다. 종교에서도 우리는 참·거짓을 증명할 수 없는 많은 가정을 의도적으로 견지한다. 그런 가정이 우리 '마음에 들기'―달리 말해 실제로 유용하고 불가결하기―때문이다."(한스 요아힘 슈퇴리히, 『세계 철학사』, 박민수 옮김, 자음과모음, 2008, 867~868쪽. 프로이트는 『환상의 미래』에서 "한 사람이 황홀경에 빠져 종교적 교리의 진실성에 대해 확고한 믿음을 얻고 깊이 감동했다 해도, 그것이 다른 사람들에게 무슨 의미가 있겠는가?"(지그문트 프로이트, 「환상의 미래」, 『문명 속의 불만』, 김석희 옮김, 열린책들, 1997/신판 2003, 195~196쪽)라고 물으면서 파이힝거를 다음과 같이 인용한다. "이 철학('마치Als ob' 철학)은 우리의 사고

활동 속에는 수많은 전제가 내포되어 있으며, 우리는 그 전제들이 아무 근거도 없을뿐더러 불합리하기까지 하다는 사실을 충분히 알고 있다고 주장한다. 그것들은 '의설擬設, Fiktions'이라고 불리지만, 여러 가지 실제적 이유 때문에 우리는 '마치' 그 의설을 믿는 것처럼 행동해야 한다. 이것은 종교적 교리에도 적용된다. 종교적 교리는 인간 사회를 유지하는 데 무엇과도 비교할 수 없을 만큼 중요한 구실을 맡고 있기 때문이다. 이 주장이 따르고 있는 노선은 '불합리하기 때문에 나는 믿는다'는 고백에서 그리 멀리 떨어져 있지 않다. 그러나 '마치' 철학의 요구는 오직 철학자만이 제시할 수 있을 거라고 나는 생각한다."(같은 책, 196쪽) "진리가 아니라 실제적 성과를 인식 목표로 간주"(같은 책, 167쪽)한 파이힝거가 종교적 교리는 '마치 ~처럼'의 형식에 의해 인류 사회에서 타당성을 획득한다고 주장한 반면, 프로이트는 철학자가 아닌 자에게 '마치 ~처럼'의 형식으로 종교적 교리나 관념을 이해하는 것이 사실상 불가능하다고 말한다.

* 이 글은 「인문학이라는 사건, 불가능성의 탈구축에 바쳐진 신앙고백─자크 데리다의 『조건 없는 대학』에 관하여」(후마니타스포럼, 후마니타스교양교육연구소, 2016. 3)에 실린 글을 수정·보완한 것이다.

자크 데리다의 『조건 없는 대학』에 관하여*

'대학'이 위협받고 있다. 사방에서, 도처에서, 위협받고 있다고, 위기에 봉착해 있다고, 그렇다고 말한다. 오늘날 위기에 처한 대학에서 현실적인 대안을 모색하려는 지적 실천적작업들은, 대학의 본령과는, 그러니까 그 본질이나 목적·방향 등을 캐묻는 일련의 물음들이나 성찰들과는 한편으로 길항한다. 대학을 위기로 몰아넣는 현실적인 문제들을 들추어내고, 사안들을 조목조목 비판하여, 하나하나 대안을 모색하기보다는, 『조건 없는 대학』에서 데리다는 대학이 어떤 공간이었는지, 역사적으로 어떤 역할이 주어지고, 어떤 활동이 생산되고 또 소멸되는 곳이었는지, 대학이 수행해야 할 고유한 '일'과 대학의 고유한 가치가 무엇이며, 대학은 과연 사회에서, 이 세계에서, 어떤 물음과 '지知'를 생산하는 '장소'이고 '장소'였으며 '장소'를 갖는지 그 전반을 환기시키면서, 대학의 존재 이유, 인문학과의 관계, 대학이 직면한 현실적인 문제 등에 근본적인 질문들을 던진다.

데리다는 대학은 무엇보다도 우선, 근본적인 물음들을 제기하고, 토론하고, 사유를 갱신하는 곳이었다고 말한다. 이물음은 '진리'에 대한, '진리'를 둘러싼 물음들이며, 따라서세계와 인간에 대한 모든 것에 가해진 지금-여기, 이전-저기의 제재나 한계, 그러니까 모종의 '조건'들과 연관된 물음이어야 하며, 조건들을 넘어서거나 조건들 자체를 갱신하는미지의 장소, 조건들 자체를 폐기하는 것이 가능한 물음이어야 한다고 데리다는 말한다. 진리에 관한 물음 자체를, 확정적인 언술로 해석하여 고정시키는 행위, 그러니까 진리의, 진리에 관한, 진리 주위로 촉발된 사유의 가능성이, 단일한해석 속에서 소진되거나, 그것을 일방적으로 부정하는 담론들에 사로잡히면 안 된다고 그는 덧붙인다. 대학에 대한 물음은 그에게 대학이 던지는 물음이며, 이는 예의 저 '탈구축 déconstruction'을 통해 제기되어야 하는, 그럴 수밖에 없는 물음이기도 하다. 데리다에게 대학은 '해체-탈구축하는' 물음들을 생산하는 공간이자, 도래할, 그러나 결코 도래한다는 것 자체가 물리적 시간이나 확정적 언술로는 마련되지도, 이를 상정하지도 않는다는 조건하에서만 끊임없이 소급되는, 오로지 '도래할$^{à\ venir}$'의 형태 속에서 제 물음과 저 실천을 산출해내는, 특권화된 장소다.

진리가 생성되는 장소, 사건이 타진되는 장소가 대학이며, 그 유流의 중심이자 발發의 원동력이 대학이다. 이를 위한 실천적 수행적 임무는 문학과 철학을 위시한 '인문학'의 어깨 위에 내려지며, 그것은 따라서 소명이자, 인문학의 미래와도 관련된 전망을 열고자 기투하는 참여의 몸짓인 동시에, 일종의 고백이라고 데리다는 말한다. 조건 없는 대학은 그에게 "'인문학'에 힘입어, 내일 **일어날 수 있는 것**"(9쪽), 저 미지의 실체이자 불가능한 공간이다.

데리다는 철학과 교육, 대학의 역할과 그 변모와 갱신을 위해 평생을 바쳐 이론적 실천적 탐구를 개진해왔다. 그는 프랑스 최고 수준의 연구원에서 교편을 잡았고, 프랑스 및 여러 대학에서 강의했으나, 소위 '대학^{université}'에 소속되어 대학 교수직에 정식으로 임용된 적은 없었다. 1974년 프랑스 정부의 철학교육 억압정책에 맞서 그는 '철학교육연구그룹^{GREPH}'을 결성하였으며, 이를 통해 제도에 대한 투쟁과 철학과 교육 일반의 근본적인 관계에 대해 고찰하였다. 철학을 강의한다는 것의 근본적 의미, 교육에서 철학이 불가피한 근본적인 이유 등의 문제의식을 바탕으로, 데리다는 여러 다양한 주제를 검토해나갔으며, 철학교육의 역사적 조건과 기능에 대해 끊임없이 물음을 제기했고, 이를 시민사회에 공론화하였다. 이러한 그의 활동과 탐구는 프랑스 교육정책 전반에 변화를 이끌어내는 데 기여하였다.*

『조건 없는 대학』은 데리다가 "캘리포니아 스탠퍼드대학교 연속 특강의 일환으로 1998년 4월 영어로 발표"(9쪽)한 강연을 프랑스어 원문으로 정리한 책이다. 발표 글에서 데리다가 미국 대학이 처한 상황을 고려하지 않은 것은 아니다. 제러미 리프킨의 저서 『노동의 종말』은 데리다에게 '노동'과 '세계화'라는 주제를 대학과 포개어 사유하게 해준 동기를 제공한다. 하지만 데리다의 물음은, 미국의 대학이 처한 문제 전반과 오롯이 포개어지기보다는, 지知와 진리를 생산하는 장소로서 대학이라는 공간이 지니는 가치와 위상을 먼저 환기하는 데 놓여 있다. 인문학과 인문학의 미래와 관련된 사유가 특권화된 곳, 특권화되어야 마땅한 곳이 대학이라고 말하며, 자신의 교수론과 직업과 노동에 대한 사유를 전개하

---

* 데리다의 '철학교육연구그룹'의 활동 전반에 관해서는 GREPH, *Qui a peur de la philosophie?*(Flamarrion, 1977)를, 철학과 교육 문제 전반에 관해서는 Jacques Derrida, *Du droit à la philosophie*(Galilée, 1990)를 참조하라.

고 있는 데리다에게 우선 대학은 어떤 곳이었으며, 또 무엇이었는가?

앞에 제시한 저 긴 제목은 우선 근대 대학이 **조건 없이 존재해야 한다는 것**을 의미합니다. "근대 대학"이라는 이 말을 통해, 호화롭고도 복잡한 중세 역사 이후, 두 세기에 걸쳐 민주주의의 형태를 갖춘 국가들에서 지배적인 모델이 된, 다시 말해 "고전적"이 된, 유럽식 대학 모델을 이해해봅시다. 이 대학은 학문의 자유라 불리는 것 말고도, 문제를 제기하고 제안하는 일에서 **무조건적인** 자유를, 나아가 **진리**에 대한 연구, **진리**에 대한 지知, **진리**에 대한 사유를 요청하는 모든 것을 공(개)적으로 말할 권리를 원칙적으로 요구하고 인식하고 있어야 할 것입니다. 진리에 대한 준거는, 그것이 수수께끼 같은 것이긴 해도, 빛(Lux)과 더불어 하나의 대학을 넘어 여러 대학의 상징적인 휘장에도 있기에 충분히 근본적인 것으로 보입니다.

대학은 진리를 **직업으로 삼습니다.** 대학은 진리에 대해 제한 없는 참여를 선언하고 약속합니다.(13~14쪽)

이 모두冒頭와 관련해 두 가지를 언급하자. 첫째, '직업'으로 번역한 'profession'의 어원*이 환기하는 바와 관련된 것이다. 이 단어는 라틴어 'professio'에서 유래한 말로, 16세기의 종교적 '신앙고백'이란 의미를 거쳐 18세기 지적 권위를 지닌 '공언·표명'을 뜻하는 의미에서 오늘날 특별한 재능이나 전문적인 훈련을 요구하는 지적 전문직이나 비영리적 봉사의 성격을 지닌 '직업'을 뜻하기까지, 이 말의 본질과 역사는 여기서 파생한 'professeur'나 'professer'에도 투영되어 있다. 한국어 번역에서 일관되게 유지하려고 애쓴 '교사·교수professeur'나 교사의 '직업profession'에는 '공언하다·가르치다·고백하다professer'라는 의미가 담겨 있는 것이다. 데리다는 'profession·professeur·professer'의 어원을 환기하는 작업에서 출발하여, 인문학 전반과 관련된 논의를 '대학'을 중심으로 창출해낸다. 즉 동사 'professer'는 앎과 진리를 공적으로 공언하는 행위이자 고백하는 행위이며, 이 행위는 좋건 싫건 앙가주망의 한 형태일 수밖에 없다. 둘째, 대학은 따라서 "진리를 직업"으로 삼으며, 또 대학은 "진리에 대해 제한 없는 참여를 선언하고 약속"하는 곳이라는 점이다. (대학의) '교수자'는 따라서 앎과 진리에 대해 '공적으로 고백하는 사람', 그러니까 제 발언에 대해 책임을 갖는 자이자 책임을 지는 자, 사명감을 지닌 발화의 당사자이며, 대학에서 교

---

* 이 어원과 관련한 자세한 내용은 93쪽 옮긴이 주 1번 참조.

수가 행하는 '직업'은 바로 이러한 이유로 '기술^{art}'이라고 부를 무언가로 통칭될 '지식'이나 '노하우' 등에 대한 전수를 의미하는 단순한 '업무·일^{métier}'이 아니라, 그 이상의 의미로서 '직업'이나 '노동^{travail}'을 수행한다. 이 동사 'professer'의 함의는 여기서 그치지 않는다.

어떤 방법으로 믿음을 지^{知}에, 믿음을 지^{知} 안에 연관짓는 것은, 행위수행적이라고 표현할 운동들과 진위진술적 기술적 또는 이론적 운동들을 결합하는 것입니다. 어떤 믿음 고백, 어떤 참여, 어떤 약속, 떠맡은 어떤 책임, 이런 것들은 지^{知}에 관한 언술들이 아닌, 발화로 사건을 만들어내는 행위수행적 언술들을 요청합니다.

그러므로 "공언하다·가르치다·고백하다^{professer}"가 무엇을 의미하는지 자문해봐야 할 것입니다. 이 말을 할 때, 우리는 행위수행적으로 무엇을 하는 것일까요? 또한 우리가 어느 직업^{profession}에, 특히 교수^{professeur}로서 직업에 종사한다고 할 때 무슨 일을 하는 것일까요? 지금은 고전이 되다시피 한 오스틴의 행위수행적 발화행위$^{speech\ acts}$와 진위진술적 발화행위 사이의 구별을 저는 대체로 오래도록 신뢰할 것입니다. 이 구별은 금세기의 커다란 사건이 될 것이며, 무엇보다도 학술적 사건이 될 것입니다. 이 구별은 대학 안에서 발생할 것입니다. 어떻게 보면, 이러한 구별을 생겨나게 하고 그 가능성을 탐구하는 일이 바로 **인문학**입니다. 그것도 계산 불가능한 결과들과 더불어, 인문학에서 그리고 인문학에 의해서 일어나는 일이죠. **진위진술적인 것**과 **행위수행적인 것** 사이의 이러한 구별이 갖는 힘, 정당성, 필연성을 전적으로 인식하면서도, 어느 정도의 지점에 도달한 다음 이 구별에 이의를 제기하고 물러나기보다는, 그 전제들을 살피고 이 구별을 분석해볼 기회가 제게는 자주 있었습니다. 오늘도 그럴 테지만 이번에는 다른 관점에서, 이 한 쌍의 개념을 중요하게 다룬 다음에 이 개념이 실패하는, 그리고 실패해야 하는 어떤 장소를 고안해보겠습니다.

이 장소야말로 정확히 말해 **당도할 곳**, 우리가 당도하거나 우리에게 당도하는 무엇, 사건, 일어난 일의 장소, 행위수행적인 것, 행위수행적 **권력**, 진위진술적인 것도 마찬가지로 개의치 않는 곳일 겁니다. 이것은 인문학에서 그리고 인문학에 의해 도래할 수 있습니다.(27~28쪽)

"대학은 진리를 직업으로 삼습니다. 대학은 진리에 대해 제한 없는 참여를 선언하고 약속합니다"로 다시 돌아가자. 'professer'는 어떤 유의 말을 실천하는 것이며, 이는 어떤 행위와 연관되는가? '공언하다·가르치다·고백하다'라는 뜻의 이 말은 특정 사실을 '확인'하거나 '확정'짓거나 '묘사'하는 동사가 아니다. 그것은 무언가를 '수행'하는 발화일 수밖에 없다. 무언가를 확정짓고 확인하고 묘사하는 발화, 즉 '진위진술적 발화행위speech acts constatifs'를 단순히 생산하는 행위는 '지식 기사'나 '보고자'의 일이지, 대학이 제공하고 대학에 의해 제공되는 '직업'을 가진 자 즉 교수자professeur에게서 비롯된 것이 아니라, 정보를 제공하고 묘사하며 존재하는 것들을 확인하고 확정짓는 단순한 일의 언어적 소산이다. 이 후자에는 책임과 참여가 결여되거나 면제된다. 반면 '교수한다'는 것은 '공언한다'는 것이며, 이 'professer' 동사는 '행위수행적 발화행위speech acts performatifs' 즉 참여와 책임을 전제하는 발화로서 이를 전제로 자신을 걸고 임하는 저 중세 이후의 '신앙고백'과도 같은 행위를 견인하는 발화다. 그리하여 데리다는 '진위진술적 발화'와 '행위수행적 발화'의 차이와 관련해 언어학자 오스틴의 구분을 상기한다.

데리다에게 '진위진술적 발화'는 사건을 대상화하고 진술하며 묘사하는 발화다. 또한 그러한 사실 자체를 확정짓는 문법적 기술 전반과 연관된다. 이러한 언어행위의 다른 편에 '행위수행적 발화'가 자리한다. 데리다는 '문법·사실·확정·기술·묘사에 귀속된 발화'와 '발화자가 발화하는 순간 자체를 행하는 발화'를 서로 대립시키며, 언어적 카테고리의 한계*에 묶여 있던 오스틴의 명제를 충실히 이어, 자신의 사유 전반으로 이 문제를 확장한다. '행위수행적 발화'는 사건을 생산할, 다시 말해 사건을 행위할, 그 가능성을 노정하는 발화, 사건의 도래 가능성을 수행하는, 그렇게 윤리적 정치적 언어적 참여와 결부될 수밖에 없는 발화이며, 타자와 사건의 도래 가능성을 전제할 발화라고 할 수 있다. '행위수행적 발화'를 문법적 표식들 자체로 받아들이는 것이 아니라, 주관성을 표출하는 언어의 장소들, 주관성을 발화하는 지표들을 의미하는 것이라고, 그 의의를 좀더 확장해서 해석해야 한다.

확실히 진리의 위상과 변화는, 진리의 가치와 마찬가지로, 무한한 토론들(합치로서의 진리나 계시로서의 진리, 이론적-진위진술적 언술 대상이나 시적-행위수행적 사건 대상으로서의 진리 등)을 불러일으킵니다. 하지만 이런 것은 바로 대학 안에서, 그리고 인문학 소속의 학과들에서 특권적인 방식

---

* 오스틴은 언어의 근본적인 속성 전반에 관한 연구를 진행했다기보다, 발화의 카테고리화를 중심으로 몇몇 유형을 규명하려 했을 뿐이라는 비판을 모면하기 어렵다. 오스틴은 엄밀히 말해, 문학을 중심으로 언어의 활동성과 역사성, 주체성 전반을 사유한다고 할 수 없다는 점에서, 벤베니스트나 비트겐슈타인, 훔볼트나 메쇼닉과 입장을 달리하며, 시적 언어의 문제를 연구 대상에서 배제한다.

으로 논의됩니다.(14쪽)

　데리다에게 대학은 이 '행위수행적 발화'의 발생지, 혹은 '행위수행적 발화'와 '진위진술적 발화'의 이분법이 붕괴되는 공간이다. 가령 '지성과 사물의 합치adaèquatio rei et intellectus'를 의미하는 중세 스콜라철학에서의 '합치의 진리'와 '진리'를 의미하는 그리스어 '알레테이아alētheia'의 어원을 추적하여 진리를 존재 그 자체가 훼손되지 않는 것으로 해석하고, 존재의 드러남 혹은 계시의 순간으로서 진리의 개념을 정립한 하이데거의 '계시로서의 진리', 또한 언어적 차원에서 '이론적-진위진술적 언술'과 '시적-행위수행적 사건'처럼 두 대립항들이 거듭된 논쟁을 통해 진리의 위상을 자리매김하며 창출하게 되는 것이, 바로 '인문학Humanités'이며, 이 인문학의 특권적 장소가 바로 '대학'이다. 데리다가 문헌학적 실증주의적 전기적 연구를 중시했던 전통적인 인문학 개념을 비판하면서, 구조주의 이후 '과학'을 지향하며 (특히 프랑스에서) 고집스레 사용되어온 '인문과학science humaine'이라는 용어를 여기서 사용하지 않았다면, 이는 '인문과학'이 진리의 도래, 도래의 가능성, 도래의 불가능성을 '수행하는' 발화들이 아니라, 진리를 객관성의 잣대에 붙들고 고정하는 저 '진위진술적 발화'의 소산일 수 있다는 판단 때문이었을 것이다.

데리다가 언급한 유럽식 대학은, 한편으로는 이성과 합리로 지(知)의 내용들을 산출하는 데 힘쓴 대학, 다시 말해 "'문명'이라는 개념과 아카데미나 전문학교, 미술을 필두로 한 새로운 지적 제도"를 창출하려 시도했던 18세기 프랑스의 백과전서파와 계몽사상에 따른 대학이자, 다른 한편으로는 프랑스의 이 대학 이념에 대항으로서 오히려 "'문화' 개념을 내세우면서 아카데미의 비판을 받고 있던 문제의 그 대학을 그 낡은 모습과는 전혀 다른 형태로 혁신"하고자 "연구와 교육의 일치"를 강조한 훔볼트의 이념에 따라 19세기 초반 탄생한 독일의 "국민국가형 대학"*을 의미한다. 이처럼 칸트의 대학론은 데리다에 의해 계승되고 확장된다.

칸트는 만년이던 1798년에 쓴 『학부들의 논쟁』에서 이후 근대적 대학 개념에 오래도록 영향을 주게 될 미래의 대학에 관한 스케치를 제시했다. 칸트에 따르면 대학이란 곳은 신학부·법학부·의학부와 같은 '상급학부'와 철학부라는 '하급학부'의 변증법적 통일체다. 세 상급학부는 대학 외부에 그 교육 내용과 방향을 정하는 상위 심급을 지니고 있다. 즉

---

* 요시미 순야, 「'대학'의 재발명: 훔볼트 혁명」, 『대학이란 무엇인가』, 서재길 옮김, 글항아리, 2014, 100~113쪽 참조.

신학부는 교회를, 법학부는 국가를, 의학부는 공중의료를 목적으로 성립한다. "성서 신학자는 그 교설을 이성이 아니라 성서로부터, 법학자는 그 교설을 자연법이 아니라 국법으로부터, 의학자는 공중에 실시되는 의료법을 인체의 자연학이 아닌 의료법규로부터 가져온다"는 것이다. 이와 달리 철학부는 "자신의 교설에 대해 정부의 명령으로부터 독립적이며, 명령을 내리는 자유를 갖지는 못했지만 모든 명령을 판정하는 자유를 가지고 있는 학부"다.(『학부들의 논쟁』) 즉 세 상급학부가 담당하는 것이 외부의 요청에 따른 타율적 지성이라면, 하급학부가 담당하는 것은 외부로부터 독립된 자율적 지성이라는 것이다.

칸트의 논의는 이 두 교육기관 사이의 상호관련성을 파악하는 데 그 요지가 있다. 그는 상급의 세 학부가 "하급학부와 잘 어울리지 않는 결연을 맺으려 하지 말고 하급학부를 멀리하여 주변에 얼씬 못하게 함으로써, 하급학부에서 이루어지는 자유로운 이성의 천착 때문에 상급학부 규약의 위신이 손상되지 않도록" 하는 편이 좋다며, 양자의 엄격한 구별을 주장했다.*

---

* 같은 책, 103~104쪽.

데리다는 칸트가 '철학부'에 부여한 가치를 '인문학'으로 치환해야 한다고 생각한다. 또한 "자유 이외에 다른 어떤 것도 필요치 않"으며 "이성을 공적으로 사용할 수 있는 자유"[*]라는, 그러니까 인간이 스스로 내적 동력을 발판으로 미성년 상태에서 벗어날 수 있음을 의미하는 '계몽Aufklärung'에서, 데리다가 '이성의 순수주의'라 부를 반쪽짜리 '현대성'을 목도한 것이 아니라, 계몽 자체의 정의나 그 함의보다는 오히려 '공적'이어야 한다는 당위성, 자유가 공적인 장에서 실행되어야 한다는 즉 "무조건적 자유를, 나아가 진리에 대한 연구, 진리에 대한 지知, 진리에 대한 사유를 요청하는 모든 것을 공(개)적으로 말할 권리"에서 '공적'이라는 근거를 취해오면서도, "대학의 책임"에 대해서는 칸트의 그것과 비교해 "기존의 형태 혹은 약간 변형된 형태의 계약의 갱신이 아니라, 완전히 새로운 형태의 갱신이 가능하다"[†]고 생각한다. 데리다에 따르면, 대학에서 이러한 무조건적인 자유를 '공적'으로 제기하고 실현할 장은 '철학'이 아니라 오히려 '인문학'이다. 데리다는 칸트가 "외부로부터 독립된 자율적 지성"이라 불렀던 "철학부"를 '인문학'으로 확장하고, 나아가 '인문학'이 바로 이 '무조건성의 원리'의 기원이자 '탈구축'의 가장 현실

---

[*] 임마누엘 칸트, 『칸트의 역사 철학』, 이한구 옮김, 서광사, 2009, 15~16쪽.
[†] Jacques Derrida, *Du droit à la philosophie*, 409~410쪽.

적인 이론과 실천의 장이라고 말한다.

이 무조건성의 원리는 애초에 그리고 대표적으로, **인문학에 현존합니다.** 이 원리에는 인문학에서 근원적이고 특권화된 **현존·발현·보호**의 장소가 있습니다. 또한 이 원리에는 고유한 논쟁과 재고안의 공간이 있습니다. 이 모든 것은 문학과 언어들(다시 말해 인간과 문화 과학이라 불리는 학문들)만큼이나 비언어적 예술들을 거쳐, 법과 철학을 거쳐, 비평을 거쳐, 질문하기를 통해 나아가고, 또한 비판철학과 질문하기를 넘어 탈구축으로 나아갑니다. 바로 이 탈구축으로부터, 인간 개념, 인간성의 일반적인 양상, 특히 지난 수세기 동안 우리가 대학에서 **인문학**이라 불러왔던 것들이 전제하는 양상을 다시-사유하는 것이, 덜 중요하다고는 말할 수 없는 사안으로 부각됩니다.(24~25쪽)

이런 탈구축의 실천과 그 미래를 위해 데리다는 대학, 무엇보다 대학 내 인문학 개념의 확장과 재고안을 요청하면서, 다시 '조건 없는 대학'의 문제의식을 맨 처음 자신이 말했던 첫 문장으로 돌아가 '신념고백'과 연관시킨다. "이 신념고백은 대학에서, 그중에서도 **인문학**이라는 이름으로 다시 부를 무조건성의 원리가 스스로 현시하는 이 장소에서, 독창적인 방식으로 믿음을 지^知에 연관짓습니다"(27쪽)라고 그는 말한다. 데리다에 따르면 이 믿음·운명·직분이, '공언하다· 가르치다·고백하다'라는 행위를 대학에서 정체된 지식의 합이 아니라, 지를 통한, 지에 의한, 참여와 활동의 산물로 만든다. 데리다는 이렇게 대학에서 "교편을 잡는 자의 선언은 말하자면 일종의 **행위수행적** 선언"(41쪽)과 다름없으며, "책임의 앙가주망이라는 점에서 과학적이고 기술적인 순수한 앎을 초과"(42쪽)한다. 이처럼 "대학이나 다른 곳에서 진위진술적 발화들과 순수한 지^知의 언술들"이 "엄밀한 의미에서 그 자체로는 직업·공언의 범주에 속하지 않는다"면, 이에 비해 대학에서의 이 '선언'은 "선서한 믿음 행위에 의해, 맹세·증언·표명·증명이나 약속을 저당잡히는 것^{engager}"이자 "약속하면서 공언하는" "행위수행적인 가치"(41쪽)를 지니는 것이다.

이러한 역사적 지표를 통해 제가 제시하고 싶은 바는, 도래할 **인문학**의 임무 중 하나는 끝없이 인식하고 사고하는 일, 최소한 우리가 방금 목도한 방향으로 열어둔 채 그렇게 하는 일이란 점입니다. 즉 공언하고-가르치고-고백하는 행위, 노동과 신학의 역사, 지^知의 역사와 지 안의 믿음의 역사, 인간에 관한, 세계에 관한, 허구에 관한, 행위수행적인 것과 "마치 ~인 것처럼"에 관한 문학과 작품을 둘러싼 물음과 거기서 우리가 방금 연관지었던 모든 개념이 바로 이 방향에 해당되겠지요.

도래할 **인문학**의 탈구축 임무가, 자신의 위상 덕에 오늘날 **인문학**에 속하는 학과들의 전통적인 한계에 속하도록 그대로 놔두지는 않을 겁니다. 이 도래할 **인문학**은 과목들의 경계를 뛰어넘겠지만, 우리가 자주 혼란스러운 방식으로 부르는 상호학제성이니, 뭐든지 할 수 있다는 식의 편리한 개념 문화연구cultural studies니 하는 것에, 각각 과목의 특수성을 녹여버리지는 않을 것입니다.(75~76쪽)

대학은 데리다에게 이처럼 인문학의 행위수행적 선언의 특권화된 공간이며, 이러한 특권이 '대학'의 '조건 없음'을 만들어낸다. 수행성은 철학만이 아니라 문학의 몫이기도 하다. 데리다에게 "문학의 공간은 제도화된 허구일 뿐만 아니라 원칙적으로 모든 것을 말할 수 있게 해주는 허구적 제도"*이기도 하며, 따라서 "문학 행위 속에서 매번 새로운 방식으로 작용하는 똑같은 질문들"은 "자기반영적이고 투영적이며 추론적인 것에만 그치는 것이 아니라 자기 이외의 것을 참조하기도" 하면서, "결코 현존하지는 않을 사건을 만들어내는 기억

* 자크 데리다, 데릭 애트리지 엮음, 『문학의 행위』, 정승훈·진주영 옮김, 문학과지성사, 2013, 53쪽.

의 내러티브" 동력이자, "현재에 대한 가정을 수정함으로써
만 사유될 수 있"*는 가능성이기도 하다. 따라서 새로운 인
문학, 다시 말해 탈구축을 통해 "**변형된 인문학에 속할 현전,
재고안**"의 주축을 이룰 "특정한 시뮬라크르에, '마치 ~인 것
처럼'에, 그뿐 아니라 직업이며 그 미래에 관련된 물음에까
지도 되풀이해서 연결"된 물음을 촉발시킨다.(26쪽)

　문학과 철학을 근간으로 삼는 '인문학'의 탈구축은 이처럼
"자신의 위상 덕에 오늘날 인문학에 속하는 학과들의 전통적
인 한계"를 그대로 유지한다거나, "각각 과목의 특수성을 녹
여버"린 '상호학제성' 연구나 '문화연구'와는 근본적으로 다
른 지점을 노정한다. 데리다는 "모든 학과에서 각각의 역사
를 과목 구축으로 제도화하고 그것들을 공존하게 했던 개념
들의 역사를 연구"해야 하는 "내일의 인문학"을 위한 프로그
램을 다음과 같이 제시한다. 즉 인간의 역사, 인간 개념, 인간
형상과 "인간 고유의 것"을 다루는 분야(인권, 여성인권, 인간
의 법-권리), 민주주의와 주권 사상의 역사(국제법, 국민국가
나 주권과 그 한계를 다루는 주권 개념의 탈구축과 무조건성),
'professer(공언하다·가르치다·고백하다)'와 'profession(직
업)'의 역사(민주주의를 시민성에서 분리하기, 신학적 관점에

* 같은 책, 60쪽.

서 인민주권을 분리하기), 문학의 역사(문학 개념·제도·허구, "마치 ~인 것처럼"의 수행성), 직업·신념고백·전문직업화·교수직으로서의 역사(지의 훈련 장소에 대한 연구, 진위진술적-행위수행적인 것들의 고전-근대 역사), "마치~인 것처럼"의 역사 등으로 말이다.

그렇다면 대학에서, 대학에 의해, 진리를 공언하고-가르치고-고백하는 '직업'으로 삼아 수행해야 하는, 이 '모든 것을 공(개)적으로 말할 권리'는 무엇인가? 모든 것을 말할 절대적인 자유나 모든 것을 발표할 수 있는 절대적 조건을 말하는가? "철학에 대한 관심(만약 그런 것이 있다면)이란, 그 자체에, 그 자체에 있어, 어떠한 한계도 존재하지 않는다는 것을 긍정하는 것"이라고 말하며 "만약 그러한 것이 있다면, 이러한 긍정은 무조건적인 것"*이라고 말했던, 다시 말해 철학과 철학적 사유의 전개에서 전제되어야만 하는 무조건적인 자유에 국한되는 권리인가? 이는 표현의 자유를 비롯해 어떠한 제한도 한계도 터부도 없는 창작이나, 양심선언 등의 표출과 거기에 부과된 무한한 자유의 보장을 의미하는가? 데리다가 말하듯, 단 한 번도 지금까지 현실화된 적 없는데다 권력과도 이질적인 대학의 이 '무조건성'은 무엇이며, '조

---

* Jacques Derrida, *Du droit à la philosophie*, 257쪽.

건 없는' 대학은 어떻게 가능한가?

　　원칙적으로든 법률상으로든, 이 무조건성이 대학의 불굴의 힘을 구성한다고 치면, 사실상 단 한 번도 이 힘이 현실이 되지 못했다는 것입니다. 추상적이고 과장된 '정복 불가능함' 때문에, 그 자체의 불가능성 때문에, 이 무조건성은 대학의 약점이나 취약성을 노출하고 있죠. 이는 대학의 무능을, 대학에 명령을 내리고 대학을 포위하고 대학을 전유하려 시도하는 모든 권력 앞에서 대학이 취하는 방어의 취약함을 드러냅니다. 왜냐하면 이 무조건성은, 권력이 낯설 뿐만 아니라 권력에 원칙적으로 이질적이기 때문입니다. 또 대학은 자신만의 권력도 가질 수 없는 곳이니까요.

　　바로 이런 이유로 우리는 여기서 **조건 없는 대학**을 말하고 있습니다.

　　제가 "대학"을 말하는 이유는, 대학의 독립성을 원칙적으로 인정하지 않은 채 모든 종류의 경제적 이익과 목적에 복무하는 모든 연구기관과 대학을 엄밀한 의미에서 구별해두기 위해서입니다. 또한 제가 "무조건적인"이란 말만큼이나 "조건 없는"이란 말을 한 이유는 "권력 없는" 혹은 "방어하지 않는"이란 뜻이 여기에 함축되어 있다는 사실을 이해할 수 있게 하기 위해서입니다. 이는 대학이 절대적으로 독립적이며, 이와 마찬가지로 노출되어 제공되는 성채이기 때문입니다……

　대학은 무조건적인 독립을 확언할 수 있을까요? (그럴 수 있다면 어떻게?) 대학은 일종의 **주권**을 요구할 수 있을까요? 주권 독립의 추상화는 불가능하니 이렇게 말해봅시다. 조건 없이 포기하고 또 항복하라고, 아무 가격으로나 팔려나가고 인수되어도 내버려두라고 강요당하는 최악의 위험을 조금도 감수하지 않은 채, 대학은 주권의 극히 독창적인 유형을, 예외적인 유형을 요구할 수 있는 것일까요? (20~23쪽)

　대학은 '조건'에서 어떻게 자유로울 수 있는 것인가? 데리다는 이러한 물음을 과제로 남겨놓으면서, 자본 투자를 통해 대학을 점령하고, 산업적 이익을 목적으로 대학을 매수하며 대학으로부터 항복을 받아내는 온갖 조건에 "저항의 원칙뿐만 아니라 저항의 힘" 게다가 "불화의 힘"을 이룰 사유의 근간들을 마련해야 하는 미래의 장소로 대학을 위치시킨다. 그에게 "무조건적인 주권 개념의 탈구축이 필요하다는 것은 의심의 여지가 없고 실제로 진행중"이다(23쪽). 이 저항과 불화의 힘은 "겨우 세속화된 신학의 유산"을 물려받아, "주체·시민·자유·책임·민족 등의 개념에서 필수적인" 국민국가에 대한 주권뿐만 아니라, 대학의 '주권'과 그 무조건성이 "자신의 자리를 찾아내"(같은 곳)게 한다. '조건 없는 대학'은 대학에서 인정되어야 할 '절대적이고 독립적인 주권'이지만, 대학에서 출발하여 대학 밖을 향해 뻗어나가며, 대학의 내부와 외부의 기존 관계를 변형시킨다. 탈구축의 힘, 무조건적인 저항의 원리는 "대학 스스로가 동시에 **고찰하고 고안하고 제기해야 하는** 어떤 법-권리"(18쪽)이며, '모든 것을 공(개)적으로 말할 절대적인 권리'와 이 권리의 그 무조건성은 현전한 적이 없는 무조건성, 바로 그렇기에 '권리'이자 '조건'으로서 앞서-미리 요구되는 '도래할 무조건성'일 것이다.

2021년
조재룡

조건 없는 대학

1판 1쇄 2021년 4월 12일
1판 2쇄 2021년 6월 10일

지은이 자크 데리다 | 옮긴이 조재룡
책임편집 송지선 | 편집 박아름 허정은
디자인 김현우 이주영 | 저작권 김지영 이영은 김하림
마케팅 정민호 양서연 박지영 안남영
홍보 김희숙 김상만 함유지 김현지 이소정 이미희 박지원
제작 강신은 김동욱 임현식 | 제작처 상지사

펴낸곳 (주)문학동네 | 펴낸이 염현숙
출판등록 1993년 10월 22일 제406-2003-000045호
주소 10881 경기도 파주시 회동길 210
전자우편 editor@munhak.com | 대표전화 031)955-8888 | 팩스 031)955-8855
문의전화 031)955-2655(마케팅), 031)955-2686(편집)
문학동네카페 http://cafe.naver.com/mhdn | 트위터 @munhakdongne
북클럽문학동네 http://bookclubmunhak.com

ISBN 978-89-546-7870-4 03160

www.munhak.com